JN412983

Die Struktur der modernen Lyrik: Von Baudelaire bis zur Mitte des zwanzigsten Jahrhunderts

현대시의 구조: 보들레르에서 20세기 중반까지

지식을만드는지식 천줄읽기

Die Struktur der modernen Lyrik: Von Baudelaire bis zur Mitte des zwanzigsten Jahrhunderts
현대시의 구조: 보들레르에서 20세기 중반까지

후고 프리드리히(Hugo Friedrich) 지음

장희창 옮김

대한민국, 서울, 지식을만드는지식, 2012

편 집 자 일 러 두 기

- 이 책은 1981년 독일 로볼트 타셴부흐 출판사(Rowohlt Ta-schenbuch Verlag)에서 간행된 ≪현대시의 구조: 보들레르에서 20세기 중반까지(Die Struktur der modernen Lyrik: Von Baudelaire bis zur Mitte des zwanzigsten Jahrhunderts)≫ 제10판을 저본으로 삼아 번역했습니다.

- 이 책은 원전의 약 45%를 발췌했습니다.

- 주석은 모두 옮긴이가 작성한 것입니다.

- 옮긴이가 이해를 돕기 위해 첨가한 어구와 괄호가 중복될 때, 그리고 괄호 안의 말과 바깥 말의 독음이 다를 때는 [ ]를 사용했습니다.

차 례

제1장 전망과 회고

제2장 보들레르

제3장 랭보

제4장 말라르메

제5장 20세기의 유럽 시

해 설

이 책은 보들레르 이후 약 100년간의 서구시의 흐름에 있어서 주도적으로 나타났던 시의 경향의 통일적인 구조를 보여주고 있다. 고전주의, 낭만주의, 자연주의 등의 전통과 결별하고 광범위한 의미에서 소위 모더니즘으로 지칭될 수 있는 현대성의 시인들, 이를테면 릴케, 트라클 및 벤과 같은 독일 시인들, 아폴리네르에서 생존 페르스에 이르는 프랑스 시인들, 가르시아 로르카에서 기엔에 이르는 스페인 시인들, 팔라체스키에서 웅가레티에 이르는 이탈리아 시인들, 예이츠에서 엘리엇까지의 영국 시인들을 서로 연결하는 문체 원리 및 정신적 상황의 공통분모를 찾아내고, 그 본질을 보들레르, 랭보, 말라르메와 같은 선구자들의 시와 시론에 대한 집중적 해명을 통해서 구체적으로 확인해 나가는 것이 이 책의 대략적인 윤곽이다. 우선 지은이는 이러한 현대시인들의 보편적 특성을 '불협화와 비규범성'으로 규정하면서, 그 배경을 이루는 이론적 단서들을 루소, 디드로, 노발리스, 그리고 프랑스 낭만주의에서 확인한다.

인간존재의 해석에 있어서 모든 역사적 전제 조건들을 거부하며 현대적 전통 단절이라는 과격한 사상을 최초로 구체화시킨 루소는 자아와 세계의 필연적인 화해 불가능을 확신하고 비규범성을 자기 해석의 도식으로 삼는다. 특히 노년의 저작인 ≪고독한 산책자의 몽상≫에서 그는 기계적인 시간에서 벗어나 과거와 순간, 상상력과 현실이 더 이상 구분되지 않는 내면의 시간 속으로 침잠한다. 그에게 있어서 기술 문명의 산물인 기계적인 시간개념은 가장 혐오스런 대상이다. 반면에 내면의 시간은 억압적인 현실과 문명으로부터 거리를 유지하는 시의 성곽을 형성한다. 그리고 이러한 내면성의 자기 전개 욕구를 충족시켜 주는 것이 상상력이며, 이것은 19세기 시인들에게서 절대적 상상력의 모습으로 나타난다.

디드로도 상상력에 독자적인 지위를 부여하며 심미적인 능력을 지적, 윤리적 능력보다 우위에 둔다. 그에게 있어서 상상력은 천재만의 것으로서 이념, 선과 악, 진리와 오류 사이의 구분을 뛰어넘어 더 이상 내용적으로 구속되지 않는 순수한 동력에 따라 평가해야 하는 정신적인 힘들의 자기운동이다. 그러므로 시란 애초부터 대상에 대한 진술이 아니며, 자유자재한 은유의 창작과 아울러 극단적 음향을 사용하여 자신을 극단 속으로 내던질 수 있도록 허용받은 감정의 운동이다. 이러한 견해는 보들레르의 시에 의해 구체적으로 실현되며 흔히 추상시라고 부르는 시의 현대성의 근거가 된다.

  루소와 디드로가 말하는바 상상력과 시에 대한 개념들은 독일, 프랑스 및 영국의 낭만주의에서 더욱 강화되며, 낭만주의 시에 대한 해석을 목표로 미래의 시문학이라는 개념을 구상한 노발리스가 그 결정적인 단서를 제공한다. 그에게 있어서 시는 일상의 삶에 대항하는 방벽이며 예감과 마술을 그 본질로 하는 시적 인간들이 관습의 세계에 맞서서 노래하는 저항이다. 아울러 상상력은 모든 형상을 구성과 대수학적 방식에 의해 서로 뒤섞어 놓는 자유를 누린다. 그러므로 시어는 전달이라는 목표가 없는 자족적인 언어가 되며 수학의 공식과 같이 스스로의 세계를 만들고 그 자신으로서만 작용한다. 여기에서 현대시의 주요한 특징인 공작성(工作性)의 개념이 생긴다. 정감이 아니라 중성적인 내면성, 현실이 아닌 상상력, 세계의 통일성이 아닌 파편성, 이질적인 것들의 혼합, 혼돈, 모호함과 언어 마술에 의한 매혹, 익숙한 것을 낯설게 만드는 수학에 비견할 만한 냉철한 작업 방식, 이러한 것들이 보들레르의 시론, 랭보, 말라르메와 현대시인들의 시의 토대를 이루는 바로 그 구조다.

프랑스 낭만주의를 매개로 하여 루소, 디드로, 노발리스 등으로부터 시와 상상력에 대한 개념을 받아들여 유럽 최초로 현대시와 예술 개념의 이론을 정립하고 동시에 현대성을 체화한 시인 보들레르의 특성은 무엇보다도 시와 개인의 심정을 철저하게 분리시켰다는 데에 있다. 말하자면 이후 엘리엇과 여타 시인들에 의해 시 창작의 엄밀성과 타당성의 전제 조건으로 선언된 탈개성화라는 미래의 발전 방향은 보들레르로부터 본격적으로 시작된 것이다. 그러므로 ≪악의 꽃≫에 수록된 대부분의 시들의 주체는 결코 보들레르 자신의 경험적 자아가 아니며, 현대성을 대표하는 중성적인 자아가 시 창작의 주체가 된다. 즉 개성이라는 우연이 제거되고 현대성이 창작의 주체가 되며, 아울러 정신적인 엄격성과 청명한 예술가 의식이 이러한 창작 방식의 불가결한 전제 조건이 된다. 그러므로 그는 방법상의 끈질김과 철두철미함으로써 현대성의 필연적 산물인 불안, 무출구성, 이상성 앞에서의 좌절과 같은 자신의 내면에 투영된 생의 국면들에로 진입해 들어가서 시인으로서의 운명을 감내하며 자신의 창작 방식에 대해 집중적으로 천착함으로써 개인적인 심정의 도취에 빠지지 않으려는 의도를 철저하게 관철시킨다. ≪악의 꽃≫은 이러한 방식에 따라 건축공학적으로 구축되었으며, 현대시에 있어서의 형식의 힘을 극도로 선명하

14

게 보여준다. 물론 형식의 힘은 장식 내지는 관행을 훨씬 넘어서는 것이며, 극단적으로 불안한 정신적 상황에서 극단적으로 추구되는 구제의 수단이다. 이것은 말하자면 고도로 형식화된 언어로의 변형을 통한 고통의 정화라고 할 수 있다.

그에게 있어서 현대성이란 무엇보다도 황량한 대도시의 뒷골목, 창녀, 돈의 추악함, 아스팔트, 인공조명, 범죄, 소란한 군중 속의 고독이며 증기와 전기로 작동되는 기술과 진보의 시대다. 하지만 불협화음적인 대도시의 형상은 그에게 오히려 강렬한 자극이 된다. 그것들은 가스등과 황혼, 타르 냄새와 꽃향기를 결합시키며 또한 욕망과 비탄으로 가득 차 있는 역설의 세계다. 그러나 대도시의 범속성에서 생겨난 그러한 형상들은 시적인 변용을 통해 범속성이라는 죄악을 치유받게 되며, 여기에서 추의 미학이라는 현대시의 한 특성이 확인된다. 역설과 모순으로 가득한 대도시 문명에 둘러싸인 시인 존재의 저항 의식과 그 표출 방식에서 생겨난 이러한 추의 개념과 더불어 불협화의 미, 주체로부터 심정을 배제시킴, 비규범적 의식 상태, 공허한 이상성, 탈사물화, 언어의 마술적인 힘과 절대적인 상상력에서 생겨나서 수학적 추상성과 음악의 운동 곡선에 접근하는 신비로움. 이런 것들에 의해서 보들레르는 미래의 시에서 실현될 방향을 예비했다.

현대 문명에 대한 저주 가운데서도 체계를 만들 수 있었던 보들레르와는 달리 랭보에게 있어서 저주는 혼돈이 되었고 마침내는 침묵이 되었다. 무어라 해명할 수 없긴 하지만 질서 정연하고 엄격한 형식에 따라 구축되었던 ≪악의 꽃≫의 긴장들이 랭보에게서는 절대적인 불협화가 된다. 그의 시의 목표는 미지의 것에 도달함이며, 불가시적인 것을 보고, 들을 수 없는 것을 들음이다. 그의 시의 현실을 넘어서는 폭발적인 돌진은 본질적으로 이러한 폭발적인 욕구 자체의 방출이며, 그 결과 현실을 탈형상화해서 내용 없는 긴장의 극만을 남긴다. 시적 직관은 의도적으로 파괴시켜 버린 현실을 꿰뚫고 공허한 비밀을 들여다보는 것이다. 무의식의 혼돈에 내맡기는 이러한 경험은 20세기의 초현실주의자들이 랭보를 그들의 선구자로 보는 이유다. 종교적, 철학적, 신화적으로는 더 이상 해명할 수 없는 미지의 것은 그 공허함 때문에 오히려 현실에 충격을 가하는ー보들레르의 경우보다 더욱 강력한ー긴장의 극이다. 현실은 그 불충분함으로 인해 공허한 초월과 대비되어 경험되기 때문에 초월에의 열정은 현실성에 대한 무목적적인 파괴를 향하게 된다. 그리고 이러한 파괴된 현실성은 이제 현실 전체의 불충분성과 아울러 미지의 것에로의 도달 불가능에 대한 혼돈의 표지가

16

된다. 현대성의 변증법이라 불릴 수 있는 이러한 경향은 랭보를 훨씬 넘어 유럽의 문학과 예술을 규정한다. 피카소가 "나에게 있어서 하나의 그림이란 파괴의 총합이다"라고 한 것도 동일한 맥락이다. 미지를 향한 채울 수 없는 열정으로 기지의 것을 파헤치고 낯설게 만드는 방식을 일관되게 고수하는 이러한 시는 도대체 누구를 위한 것인가. 굳이 대답하자면 그러한 시는 과학적인 계몽, 기술적·경제적 힘의 장치들이 자유를 조직화하고 집단화시킴으로써 자유의 본질을 죽여버린 역사적인 상황에서 비규범적인 언술과 상상력의 독재를 통하여 정신의 자유를 구출하려는 극단적인 시도로서 이해될 수도 있을 것이다.

말라르메는 예술적 상상력의 본질은 현실의 탈형상화에 있다는 보들레르 이후 정립된 견해를 완결 지음으로써 예술적 상상력에 존재론적 토대를 부여한다. 아울러 시 자체의 모호함뿐 아니라 시에 대한 협소한 이해로부터의 탈피와 관련해서도 그는 존재론적으로 입증한다. 왜냐하면 예술가 존재와 예술에 대한 성찰 사이의 통일은 이제 그가 절대적 존재와 언어 사이의 관계에 대해 사색함으로써 드높은 단계에 도달했기 때문이다. 그의 시는 절대의 영역과 언어가 서로 만날 수 있는 유일한 장소이고자 한다. 하지만 그곳은 결코 행복의 장소는 아니다. 거기에는 진정한 초월도, 신들도 부재하기 때문이다.

그의 창작과 사색은 경험적인 세계에서 존재론적 보편성에로의 방향이 아니라 그 역으로 진행된다. 그의 시는 꽃병, 까치발 테이블, 부채, 거울 같은 단순한 사물을 소재로 한다. 이것들은 탈사물화되고 부재 속으로 밀려 들어가 불가시적인 긴장의 흐름을 담는 그릇이 되는 한편 이들을 지칭하는 말을 통하여 그 어떤 표상을 드러낸다. 그리고 이러한 표상에 의해서 사물의 의미는 예기치 않게 증대된다. 왜냐하면 저 불가시적인 긴장의 흐름이 그것들 속으로 매우 깊숙이 스며들어 단순한 사물은 온통 비밀로 채워지기 때문이다. 이것은 우리를 둘러싸고 있는 모든 사물에 적용된다.

이와 같이 말라르메는 개념적인 설명에 의해서가 아니라 절대 존재, 무를 가장 단순한 사물들에 각인시켜 수수께끼로 만들어버림으로써 친숙한 것에 근원적인 불가사의함을 부여하는 것이다. 그리하여 비록 낯선 영역으로 빠져든다 할지라도 영혼이 그 앞에서 전율하게 되는 말과 형상에 의한 비밀의 노래인 시가 탄생한다. 낯설기는 하지만 말없이 끌어당기는 울림 속에서 그의 시는 정신이 현실성의 그림자에서 벗어나 자기 자신을 주목하고 자신의 추상적인 긴장의 유희 속에서 마치 수학 공식들을 대할 때와 유사한 지배의 만족을 경험하는 자리, 즉 무형의 고독한 내부 공간으로부터 진술하는 것이다.

정신 내지는 그 어떤 중심이라고도 불릴 수 있는 이러한 내부 공간은 세세하게 구분될 수 있는 감정들이 아니라 이성 이전의 것인 동시에 이성적인 힘들이며 꿈과 같은 정취일 뿐 아니라 냉정한 추상성을 동시에 포괄하며 또한 그 통일성이 시적 언어의 진동의 흐름 속에서 인지되는 총체적 내면성을 말한다. 이와 같이 말라르메는 노발리스와 포가 개척했던 길, 시의 주체가 초개인적인 중립성으로 나아가는 길을 계속 이어간 것이다. 모든 실재를 절멸시키는 그의 시는 그만큼 더 강력하게 언어의 형식화된 미를 환기시킨다. 형식에 대한 말라르메의 이러한 견해는 18세기 이래로 시작되었던바, 진리로부터의 미의 분리가 완결되었음을 확증하고 있다. 이러한 절대 형식의 미는 무의 순간에서조차도 로고스, 즉 인간존재의 위엄의 광휘가 꺼지지 않음을 보증하고 있는 것이다.

이상에서 본 바와 같이 오늘에 이르기까지 20세기의 시를 지배하는 기본 유형은 19세기 후반 프랑스에서 성립되었다. 이러한 유형은 독일인 노발리스와 미국인 포로부터 예감을 전해 받았던 보들레르 이후 그 윤곽이 드러났으며, 랭보와 말라르메에 의해서 시가 도달할 수 있는 극한의 경계 지점에 도달했던 것이다. 그리고 이러한 징후들은 프랑스를 비롯하여 스페인, 영국, 독일, 이탈리아의 후계자들에게 이어졌다. 무엇보다도 이들 시인들의 정신적 상황을 관통하는 것은 기술 문명, 상품 시장, 노동 소외, 집단적 강요에 의해 지배되고 산업혁명과 더불어 인간적 영역을 최소한으로 축소시켜 버리는 시대의 부자유로부터 오는 고통이다. 시대의 경향에 맞서서 극단적인 자유를 주장하면서도 이러한 시는 또한 그 시대로부터 영향을 받을 수밖에 없었다. 그러므로 이들 시인들의 창작 행위는 근대화 과정의 모순에 대항하는 개인적인 생산양식, 즉 물량화되어 가는 세계 속에서의 질의 회복이고, 합리화된 시장 체계 속에서의 인간의 존엄성을 유지할 수 있는 감정의 피난처를 마련함이며, 삶의 파편화와 개인의 단자화에 대한 저항인 동시에, 다른 한편으로는 그 과정의 내면화이기도 한 것이다.

지금까지 ≪현대시의 구조≫의 윤곽을 개괄적으로 정리해 보았다. 모더니즘 시학의 고전인 이 책에서 옮긴이는 무엇보다도 모더니즘의 기본 개념을 거시적으로 파악할 수 있었다. 그리고 산문이라기보다는 운문에 가까운 문체는 독자

로 하여금 그만큼 더 생생하게 현대시의 본질에 친숙하게
접근할 수 있게 한다.

지 은 이 에 대 해

후고 프리드리히(Hugo Friedrich)는 로망스어문학을 전공
한 학자로서 1904년 카를스루에에서 태어났고, 그곳에서
대학 입학 자격을 취득한 후 게르만어문학, 로망스어문학
및 역사, 철학, 예술사를 공부했다. 그리고 1928년 하이델베
르크 대학에서 비교 문예학 연구로 학위를 취득한 후 뮌헨
으로 가서 로망스어문학을 집중적으로 연구했다. 1934년
쾰른 대학에서 < 현대 프랑스에 있어서의 반(反)로망스어
적 사유 > 란 논문으로 대학교수 자격을 취득하고, 1937년
프라이부르크 대학 로망스어문학 교수로 초빙되어 이후 그
곳에서 퇴임 때까지 계속 강의했다. 그의 연구에 직접적으
로 영향을 준 사람들은 포슬러(K. Vossler), 쿠르티우스(E.
R. Courtius), 노이만(C. Neumann), 야스퍼스(K. Jaspers),
군돌프(F. Gundolf) 등이다. 1957년 이후 후고 프리드리히
는 독일문학학술원 정회원, 1958년 이후에는 하이델베르크
학술원 정회원, 1960년 이후에는 미국 현대언어협회의 명
예 회원으로 활동했으며, 1978년 사망하기까지 다양한 영
역에서 많은 저술을 발표했다. ≪데카르트와 프랑스의 정

신≫(1937), ≪프랑스 소설의 세 거장: 스탕달, 발자크, 플로베르≫(1939), ≪'신곡(神曲)'에 나타난 법형이상학≫(1941), ≪몽테뉴≫(1949), ≪이탈리아 서정시의 시대≫(1964), ≪번역 기법의 문제≫(1965) 등이 그 대표적인 것들이다.

현대시의 구조:
보들레르에서 20세기 중반까지

제1판 서문

이 책은 오랜 기간의 탐색의 결과이며, 1920년 당시 고등학생이었던 저자의 손에 핀투스(K. Pinthus)가 출간한 시집 ≪인류의 여명≫이 들어오게 되었던 것이 그 출발점이다. 나의 연구는 물론 처음에는 전혀 갈피를 잡을 수가 없었으나, 훨씬 나중에 19세기의 프랑스 시인들을 접하게 되고 다시 그 후에 20세기의 프랑스 시인들과 스페인 시인들을 알게 되었을 때 비로소 거시적인 방향 설정을 가능하게 하는 전체적인 윤곽이 떠올랐다. 그리하여 편집자인 핀투스가 '쇠잔해 가는 19세기'의 전통과는 별개의 것으로 해석하며, 그 존재를 유달리 부각시켰던 1920년 전후의 저 시인들도 사실은 앞선 시대의 시인들과 연속선상에 있음을 알게 되었다. 그 이후의, 그리고 현재의 시인들도 − 독일이나 여타 지역을 막론하고 − 그 점에 있어서는 마찬가지다. 오늘날 시에 대한 가치 평가가 개별 국가에 제한되거나, 혹은 지난 20년 내지는 30년 동안이라는 짧은 기간에만 주목함으로써 커다란 오류를 범하는 경우가 허다한데, 이런 식이라면 하나의 시는 언제든지 전대미문의 '돌발 사태'로 보일 것이며, 더나아가 1945년의 시와 1955년의 시 사이의 차이마저도 경탄의 대상이 될 것이다. 단 2초 동안의 차이에 불과한데도 말이다.

유럽 현대시의 창시자임과 아울러 현재까지의 지도자인 19세기의 프랑스 시인은 랭보와 말라르메다. 그들의 시와 우리 시대의 시 사이에는 영향사적으로 설명할 수가 없는, 혹은 영향의 요인들이 인식되는 경우에라도 그 자체만으로 는 해명될 수 없는 공통점들이 존재한다. 이것은 구조, 다시 말해 근본 조직의 공통점으로서 현대시의 변화무쌍한 현상 들 속에서 특이할 정도로 집요하게 재현되는 것이다. 일부 는 18세기까지 거슬러 올라가는 수많은 단서들의 결과물인 이러한 구조는 1850년경의 시 이론에서, 그리고 1870년경 의 시 작품 속에서 복합적이긴 하지만 수미일관한 하나의 전체로 결집되었는데, 이것은 무엇보다도 프랑스에서 두드 러지게 나타났던 현상이다. 랭보와 말라르메로부터 현대인 들의 문체 법칙이 드러나며, 저 프랑스인들의 경탄할 만한 현대성이 다시 확인되는 것이다. 아무튼 우리는 비평과 문 예학이 지난 100년간의 유럽 시를 재단했던 구태의연한 분 류법을 배제해야 하며, 더 나아가 시야를 임의적인 한 작가 나 오직 하나의 문체 유형에만 국한시키지 않도록 해야 한다.

이 책의 의도는 (내가 아는 한 여태까지 이러한 시도는 없었다) 그 표제에 명시된 바와 같이 현대시의 역사를 겨냥하고 있지 않다. 그랬더라면 더 많은 작가들이 다루어졌어야 할 것이다. 구조의 개념은 역사적인 자료의 완벽한 구비를 필요로 하지 않는다. 자료가 기본 구조의 단순한 변형에 불과할 때는 특히 그러하다. 로트레아몽의 경우를 예로 들면, 그는 오늘날 어느 정도의 영향을 미치고 있긴 하지만 실은 랭보의 열등한 변이체에 지나지 않는다. 물론 랭보가 그를 몰랐던 것처럼 그도 랭보를 알지 못했다. 동일한 이유에서 ─ 다른 요인도 많지만 ─ 나는 20세기의 종교시와 정치시에 대한 논의를 배제시켰다. 혹 이들이 주목의 대상이 된다 하더라도 그것은 신앙이나 정치적 이념, 더욱이 파당 정치적인 이념과는 전혀 상관이 없다.

　로망스어문학자인 저자가 제5장의 대부분의 예들을 로만 문학에서 가져온 이유는 명백하다. 그러므로 독자 여러분은 독일인과 앵글로색슨인이 과소평가되었다고 오해하지 마시길 바란다. 무엇보다도 나는 독일과 영국의 대표자들의 위대함뿐만 아니라 프랑스인, 스페인인, 그리고 이탈리아인들과의 문체상의 구조적 공통점을 보여주려고 애썼기 때문이다. 그리고 앞서 거론된 두 창시자와 그들의 선배인 보들레르가 집중적인 연구의 대상이 된 것은 전문가적인 관심의 우연적 결과가 아니라 객관적인 필연성에서라는 점도 미리 밝혀둔다.

현대시란 무엇인가? 이에 대해 나는 어떠한 성급한 정의도 내리고 싶지 않다. 답변은 이 책 속에서 저절로 주어질 것이다. 이 책은 게오르게와 호프만슈탈 같은 위대한 시인들, 그리고 카로사, 슈뢰더, 뢰르케, 리카르다 후흐, 도이블러가 간과된 이유에 대해서도 답변하게 될 것이다. 요컨대 그들은 프랑스가 이미 80년 전에 그 굴레로부터 벗어난 바 있는 수백 년 전통의 시 양식의 계승자이자 새로운 정점이었다. 하지만 이러한 사실에서 저자가 그들의 시대적 낙후성이라는 결론을 도출했다고는 아무도 생각지 않을 것이다. 나 자신도 전위주의자가 아니기 때문이다. 말하자면 T. S. 엘리엇보다는 괴테가 나에게 더욱 친밀하다. 그러나 이런 것은 문제가 되지 않는다. 나의 관심은 엄연한 현대성의 징후들을 통찰하는 데에 있으며, 오늘날의 문예학이 그러한 인식에 도달하기 위해 여태까지보다는 더욱 노력해야 한다고 생각할 뿐이다.

이 책은 많은 오해를 불러일으킬지도 모른다. 시인들이란 그들의 독창성에 집착하는 예민한 인간들이며, 그 숭배자들도 이러한 예민성을 애지중지하기 때문이다. 그러므로 나는 거론된 많은 시인들을 천편일률적으로 재단했다는 오해를 우선적으로 염두에 두어야 했다. 하지만 이러한 오해는 초개인적·초국가적이며 수십 년을 관통하고 있는 현대시의 징후들을 모색하려는 이 책의 의도와는 전혀 상반된 것이다.

이 책이 가진 서술 방식의 방법적인 기본명제에 대한 해명은 군데군데 제시되어 있다. 우선적으로 권하고 싶은 바는 앞의 4장들에 대한 지식 없이 제5장을 읽어서는 안 된다는 점이다. 그렇게 되면 현대인과 19세기 프랑스인들 사이의 긴밀한 연관성이 분명히 드러나지 않을 우려가 있기 때문이다. 그렇다고 해서 이러한 연관성을 개별적인 징후들에서 그때마다 반복하여 입증한다는 것은 지겨운 노릇이었을 것이다. 이와 관련해서는 색인이 어느 정도의 도움이 될 것이다. 부언하자면 '현대(modern)'라는 말은 보들레르 이후의 전체 시기를 지칭하고 있으며, 이에 반해 '동시대' 혹은 '현재'라는 말은 20세기의 시들만을 그 대상으로 한다.

독일의 독자를 고려하여 저자는 각 장(章) 내의 인용문을 몇몇의 예외적인 경우를 제외하고는 번역해 놓았다. 부록 1에는 몇 편의 원문시를 실어놓았고 나름대로 번역을 시도했다. 물론 시에 정통한 사람이라면 누구라도 시란 거의 번역 불가능하며, 현대시의 경우는 특히 그렇다는 사실을 알고 있을 터다.

1956년 부활절, 프라이부르크

후고 프리드리히

제9판 서문

이 일련의 저작들의 편집자의 제안에 따라 다시 개정판을 내게 되었다. 많은 손질이 가해져서 오류가 교정되었고, 문체상의 변화가 있었으며, 항목들이 추가되었다. 그중에서 '신언어' 항목의 추가가 두드러진다. 부록 1에 몇 편의 시를 더 실었고, 그 뒤를 이어 네 편의 시 해석이 새로운 부록을 이루게 되었으며, 끝으로 참고 문헌이 보강되었다.

이 책의 표제에 사용된 '구조'의 개념은 많은 오해를 불러 일으켰다. 어떤 사람들은 '구조'를 일종의 '경직된 것, 전적으로 고착된 것'으로 이해하려 했고 혹은 이 개념이 '시와 같이 무형적인 것'에 대해 적용될 수 있는지에 대해 회의적인 태도를 보이기도 했다. 물론 '구조'는 경직이라든지 그와 유사한 의미를 포함하고 있지 않다. 그것은 딜타이 이후 정신과학에서 구조 개념이 무기성(無機性)이라는 본래의 의미를 상실했기 때문에 특히 그러하다. 문학 현상에 있어서 '구조'는 유기적인 구성체, 상이한 것들 속에 내재하는 유형적인 공통점을 가리킨다. 이 책의 경우에 그것은 고전주의·낭만주의·자연주의, 그리고 낭송조의 문체 전통들로부터의 이탈이라는 현대성의 본질을 내포하고 있는 시들의 공통

32

점에 해당한다. 서로 간에 영향을 주었다고 단정할 수는 없지만 그 개별적인 특성이 서로 일치하고 상호 해명될 수 있으며, 동일한 성층에서 나타나는 경우가 매우 빈번하기 때문에 우연으로 간주될 수 없는 일련의 시 작품들의 전체상이 여기에서 의도하는바 '구조'의 의미다. 이 점에 대해서는 약간 다른 표현을 쓰긴 했지만 이미 제1판의 5장 서두 부분에서 언급했던 바 있다.

고백건대 이번 수정판에서는 '구조'라는 말을 가급적 피하고 싶었다. 왜냐하면 이 말은 제1판이 발행되었을 당시보다 훨씬 광범하게 온갖 영역에서 유행어가 되었기 때문이다. 하지만 두 가지 이유에서 나는 이 말을 그대로 유지해야 했다. 첫 번째는 이 책이 이 제목으로 널리 알려져 있기 때문이며, 그다음으로는 예나 지금이나 현대시의 역사를 썼다는 기대를 받지 말아야 하기 때문이다. 그러한 기대에 부응하려면 다른 방법이나 다른 식의 서술 방식을 사용했어야 할 것이다. 이를테면 지벤만(G. Siebenmann)의 ≪스페인 현대시≫와 같은 뛰어난 책을 그 예로 들 수 있는데, 이 책은 전적으로 역사적인 서술 방식에 토대를 두면서 개별적인 시인들의 발전 과정까지도 포괄하고 있다.

이전의 부제는 '보들레르에서 현재까지'였으나, 이번에는 연도로써 표시했다. 양쪽 다 대략적인 연대이므로 유연성 있게 해석될 수 있을 것이다. 물론 시대 한정에 있어서 1950년 쪽이 1850년 쪽보다는 더욱 확정적이다. 우리 세기의 중엽 이래로 유럽 시에 있어서는 주목을 끌 만한 많은 일들이 생겨났다. 그러나 현대의 고전주의자들이 개척했던 영역을 그 이후 단호하고도 미래 지향적으로 뛰어넘은 자들이 있었던가. 사실을 말하자면 오히려 더욱 인간적이고 개인적이며 고통과 기쁨을 솔직히 표현하는 시로의 공공연한 회귀, 즉 긴장 이완의 현상이 관찰되었을 뿐이다. 어쨌든, 부드럽긴 하지만 강력한 힘으로서의 시는 우리 시대가 그것을 통해 인위적인 목적의 억압으로부터 벗어날 수 있는 자유와 모험 정신의 하나로 건재하고 있다. 대략 100년 간 형성되어 온 시의 일반적인 특성에서 벗어나 독창성을 발휘하며 사실상 새로운 영역을 보여주었을지도 모르는 많은 것들을 알아차리지 못했다고 하면 그것은 나의 책임이리라. 하지만 기계적으로 내던져진 단어와 음절 조각들로 이루어진 소위 '구체시'는 물론 그 불모성 때문에 완전히 무시되어도 무방할 것이다.

프라이부르크, 1966년 10월
후고 프리드리히

제1장
전망과 회고

현대시에 대한 전망: 불협화와 비규범성

20세기의 유럽 시로 통하는 안락한 길은 어디에도 없다. 그것은 수수께끼와 모호함으로 말하기 때문이다. 그러나 그것은 놀라울 정도로 생산적이다. 후기 릴케와 트라클에서 고트프리트 벤에 이르는 독일 시인들, 아폴리네르에서 생존 페르스에 이르는 프랑스 시인들, 가르시아 로르카에서 기엔에 이르는 스페인 시인들, 팔라체스키에서 웅가레티에 이르는 이탈리아 시인들, 예이츠에서 T. S. 엘리엇까지의 영국 시인들, 이들의 작품의 중요성은 더 이상 의심의 여지가 없다. 이는 현대의 정신적 상황에 있어서 시의 진술력이 철학, 소설, 연극, 회화와 음악의 그것보다 작지 않음을 말해준다.

독자는 이 시인들에게서 무어라 해명하기도 전에 자신이 그러한 시의 본질 매우 가까이로 끌어당겨지는 경험을 하게 된다. 시의 모호함이 독자를 혼란시키는 만큼이나 매혹시키며, 갈피를 못 잡긴 하지만 그 말의 마법과 신비스러움에 강제적으로 끌려든다. 그러므로 엘리엇이 한 평론에서 "시란 이해되지 않고서도 전달될 수 있다"라고 말한 것은 그와 같은 의미에서다. 우리는 불가해함과 매혹의 이러한 만남을 불협화라고 불러 무방할 것이다. 왜냐하면 이것은 안정이라기보다는 불안정을 향하는 긴장을 야기하기 때문이다. 그러므로 불협화적인 긴장은 현대 예술 일반의 목표가 되었다. 스트라빈스키는 그의 ≪음악 시학(Poétique musicale)≫ (1948)에서 다음과 같이 말한다. "우리로 하여금 안정 속에서만 만족을 구하도록 강요하는 것은 아무것도 없다. 불협화가 독자적인 위치를 점하고 있는 양식의 예들은 1세기 이전부터 누적되어 왔다. 요컨대 불협화는 물자체가 되었다. 그러므로 그것은 그 무엇을 준비한다든지 혹은 예고하는 일이 없다. 협화음이 안정에 대한 보장이 아닌 것처럼 불협화는 불안정에 대한 약속이 아니다."

현대시는 사물 및 인간이라는 현실과의 접촉에 있어서 그것들을 묘사한다든지 또는 익숙한 시각과 느낌의 온기로서 다루는 방식을 택하지 않는다. 현대시는 그것들을 익숙하지 않은 곳으로 데리고 가서 낯설게 만들며 변형시켜 버린다. 시는 자유를 위한 탈선으로서 불가피하게 현실의 잔해들을 어느 정도 받아들임에도 불구하고, 일상적으로 현실이라고 칭해지는 것을 더 이상 자신의 척도로서 인정하려고 하지 않는다. 그러므로 시에 의해서 현실은 공간적·시간적·객관적, 그리고 정신적 질서로부터 풀려나오게 되며 정상적인 세계관에 필수적인 구분들, 즉 미와 추, 가까움과 멈, 빛과 그림자, 고통과 기쁨, 지상과 천상 등의 선입견처럼 기정사실화된 구분들로부터 벗어난다. 시 창작의 세 가지 방식―느낌, 관찰, 변형―중에서 현대에는 마지막의 것이 지배적이며, 그것은 객관세계에서뿐 아니라 언어와의 연관에서도 그러하다. 낭만주의 시에서 도출된 (매우 부당하게 일반화시킨) 규정에 따르면 시는 거듭해서 심정의 언어, 개인적 영혼의 언어로 간주된다. 심정의 개념은 가장 고독한 자라도 그것을 느낄 수 있는 모든 사람들과 공유하게 되는 영혼의 거처로 돌아감으로써 얻게 되는 긴장 완화를 의미한다. 바로 이러한 소통의 익숙함이 현대시가 기피하는 바다.

현대시는 종래의 의미에서의 인간성, '체험', 감상, 그리고 심지어 시인의 개인적 자아마저도 도외시해 버린다. 시인은 자신의 창작품에 대해 사적인 개인으로서가 아니라 자신의 준엄한 상상력이나 비실재적인 관점에 토대를 둔 변형력을 동원하여 그 자체로는 빈약한 의미밖에 갖지 않는 임의적인 소재를 시험하는 시적인 지성으로서, 언어의 조작자(操作者)로서, 그리고 예술가로서 관여한다. 정신의 마력에서 태어난 그러한 시가 시인을 각성시킨다는 점을 배제할 수는 없다. 그러나 시는 심정과는 다른 그 무엇이며, 개별적인 감각들로 더 이상 분해될 수 없는 순수한 주관성이 발하는 여러 겹의 목소리이자 무제약성이다.

"심정? 그런 것을 나는 가지고 있지 않다"라고 고트프리트 벤은 고백했다. 심정과 유사한 연약함이 얼굴을 내밀려고 하는 순간 냉혹한 부조화의 언어가 사정없는 일격을 가해서 그것을 해체시켜 버리는 것이다.

19세기의 후반부에 들어서 갑작스럽게 일상 언어와 시어 사이의 과격한 차별성, 모호한 내용과 결합되어 혼란을 유발시키는 과도한 긴장이 생겨났다. 시어는 기존의 의미에 따라 계획되는 것이 아니라 오히려 의미를 제작하는 결합이라는 실험적 성격을 가지게 된다. 현대미술에 있어서 독자성을 확보한 색채 구성과 형식 구성이 그 자신만으로 충족되기 위해서 모든 구상성을 밀쳐버리거나 완전히 배제해 버리는 바와 같이, 시에 있어서는 언어의 자율적인 운동체, 의미에 구속되지 않는 음향의 연속과 강렬한 음향의 만곡선에 대한 요구 때문에 시는 이제 더 이상 그 진술 내용에 의해서는 이해될 수 없게 된다.

이러한 현상들 앞에서 독자들에게 비규범성(비정상성)의 느낌이 뿌리를 내리게 되며, 거기에다가 현대시의 이론가들의 기본 개념인 기습, 낯설게 함이 보조를 맞춘다. 기습적으로 경악시키려는 자는 무엇보다도 비정상적 수단을 사용해야 한다. 어쨌든 우리는 '규범적'이라는 말과 마찬가지로 '비규범성'이라는 말을 편의상 사용하기로 한다. 역사적인 상황을 고려함 없이 이를테면 괴테라든지 또한 호프만슈탈의 텍스트를 이해할 수 있는 그러한 정신과 의식의 토대를 우리는 규범적이라고 칭한다. '비규범'은 어떠한 가치판단도 아니며 '변종'을 의미하지도 않는다. 요컨대 현대시는 의도적인 찬탄의 대상도, 비난의 대상도 아니다. 그것은 현대의 지속적인 한 현상으로서 정당한 평가를 받아야 할 뿐이다.

부정의 범주들

현대시에 대한 인식은 그것을 기술할 범주들의 탐색이라는 과제를 안고 있다. 이 사실은 회피할 수 없는 것이며, 비평일반도 부정의 범주들이 중요한 위치를 점하게 되었음을 확인해 주고 있다. 물론 결정적인 사실은 부정의 범주들이 평가절하를 위해서가 아니라 한계의 명시를 위해 적용된다는 점이다. 평가절하가 아닌 이러한 한계 명시를 위한 적용 자체야말로 현대시가 이전의 시로부터 벗어나게 되었던 역사적 과정의 산물이다.

19세기의 시에서 일어났던 변화는 시론과 비평의 개념들에서도 상응한 변화를 초래했다. 19세기의 전환기에 이르기까지, 부분적으로는 그 후에 이르기까지 문학은 사회의 공명상자였으며 일상적인 소재나 상황에 대한 이념적인 형성, 그리고 악마적인 것을 표현함으로써 얻게 되는 효과적인 위안으로서 기대되었다. 그런 가운데에서 시는 다른 장르들을 능가하지는 못했으나 그것들로부터 분리된 하나의 장르로서 정착되었다.

그러나 이후 문학은 경제생활의 안정에 전념하는 사회와 대립하게 되었고, 과학적인 세계 해명과 공공사회의 범속성에 대한 비탄자가 되었다. 여기에서 전통과의 예리한 단절이 생겨났고, 문학적인 독창성은 작가의 비규범성에서 그 정당성을 찾았다. 문학은 치유가 아니라 섬세한 말을 추구하며 자신의 내부에서 선회하는 고통의 언어로 자처했다. 그리고 이제 시가 문학의 가장 순수하고 고귀한 현상으로 규정되었다. 요컨대 시는 여타 문학과 반대 입장을 취하면서 준엄한 상상력, 무의식으로 확대된 내면성, 그리고 공허한 초월성과의 유희가 부여해 주었던 모든 것을 무제한으로 가차 없이 말하는 자유를 자기 것으로 했다. 이러한 변화는 시인과 비평가들이 시에 대해서 적용시키는 범주들 속에 매우 정확하게 반영되어 있다.

이전 시대는 시에 대한 평가에 있어서 주로 내용상의 질에 주안점을 두었고 긍정적인 범주들을 사용하여 그것을 기술했다. 그런데 이제 다른 유형의 시들이 나타남에 따라 다른 범주들이 제시되었다. 그것은 거의 전적으로 부정적인 범주들이었으며, 게다가 내용적 차원이 아니라 오히려 형식적인 차원의 범주들이 점점 우세한 지위를 점하게 되었다. 이미 노발리스가 그러한 부정의 범주들을 폄하하지 않고 객관적으로 기술했으며 심지어는 자랑스럽게 사용하기까지 했다. 시문학은 '고의적인 우연의 생산'에 토대를 둔다. 대상을 우연적이고 자유로운 '결합(Katenation)'의 방식으로 표현하며, 하나의 시가 더욱 개인적이고 지역적이며 일시적일수록, 그것은 더욱더 시문학의 핵심에 접근한다(당시의 미학에서 '일시적' 등의 말은 일반적으로는 허용을 불허하는 제한된 것이라는 의미였음에 주의하라).

부정적인 범주의 집중적인 반복은 그 이후 로트레아몽에게서 발견된다. 1870년 그는 이후에 도래할 문학의 상을 꿰뚫어 보면서 그 윤곽을 제시했다. 추측건대 이것은 ─ 수시로 다른 가면을 쓰고 나타나는 이 혼돈에 찬 사람에 대한 해석이 도대체 가능하다고 본다면 ─ 경고의 의도를 담고 있었던 것으로 보인다. 하지만 미래의 시에 함께 대비했던 그가 예견된 발전 방향을 저지하려고 했을지도 모른다는(아마도 그랬을 터이지만) 가정 자체를 무색게 할 만큼 너무도 정확하게 그 특징을 제시할 수 있었다는 것은 당혹스럽기까지 하다. 그가 제시한 특징은 다음과 같다. 불안, 혼돈, 품격 절하, 얼굴 찌푸림, 예외와 진기함의 지배, 모호함, 격렬한 상상력, 음울함과 흐릿함, 극단적인 대립으로의 분열, 무에 대한 집착. 그리고 그러한 유사한 개념들의 홍수에 바로 이어서 '톱'의 개념이 자리 잡고 있다. 그러나 이 톱의 개념은 다른 곳에서도 발견된다. 이를테면 파괴된 것의 중첩된 이미지들로 이루어진 엘뤼아르의 시 ≪악≫(1932)의 첫 행은 다음과 같이 시작한다. "그때 문은 마치 하나의 톱처럼 존재했다."

다수의 피카소 그림은 객관적인 필연성도 없이 기하학적인 평면에 비스듬히 놓인 하나의 톱이나 혹은 톱니들만을 보여준다. 어떤 때에는 톱과 비슷한 형태로서 만돌린의 현들이 등장하기도 한다. 이것들이 이후 어떤 영향을 미쳤는지 여기에서 거론할 필요는 없겠다. 다만 그러한 시점에서 이와 같은 톱의 상징이 나타난 것은 지난 세기의 후반부 이후 현대문학과 예술을 지배했던 구조적 강제에 대한 의미심장한 징표의 하나로 간주되어 족할 것이다.

18세기의 이론적 서곡: 루소와 디드로, 노발리스, 그리고 프랑스 낭만주의

18세기 후반 유럽에서 출간된 문헌들에는 이후의 시의 관점에서 볼 때 그 서곡으로 해석될 수 있는 현상들이 나타나기 시작한다.

우선 국가와 사회조직의 구상보다는 자연에 도취된 열광자로서의 루소에 주목해 보기로 하자. 그는 많은 전통들의 상속인이긴 하지만 거기에 얽매여 있지 않다. 요컨대 그는 자기 자신과 자연 앞에 완전히 홀로 서 있고자 하는데, 이러한 의지가 무엇보다도 관건이다. 역사의 영점에서 출발하는 루소는 자신의 국가, 사회, 그리고 생의 영역에 있어서 역사의 가치를 무화시킨다. 그가 상상을 초월할 정도의 열정으로써 주장하는 절대적 자아는 자신과 사회 사이의 균열을 초래한다. 그 균열은 루소의 인격의 병리학적인 전제 조건들 아래에서 발생한 것이기는 하지만 이미 초개인화되어 버린 그 세대의 경험과도 명백하게 일치한다. 규범적이 되기보다는 차라리 증오를 감수하겠다라는 원칙을 세울 수 있을만큼 자아와 세계 사이의 필연적인 화해 불가능을 굳게 확신하면서 비규범성을 자신의 사명의 담보로 삼는 것, 이는 우리가 다음 세기의 시인들에게서 다시 발견하게 되는 자기 해석의 도식으로서, 베를렌이 그것에 대한 적합한 표현으로서 '추방된 시인(poètes maudits)'이라는 말을 찾아냈던 것이다. 자신이 초래한 추방 앞에서의 영문 모를 자아의 고통, 자신에게만 몰두하는 내면성에로의 귀환, 이것은 자만에 넘친 행위가 된다.

그의 노년의 저작인 ≪고독한 산책자의 몽상≫에서 루소는 이성으로는 포착할 수 없는 존재의 확실성에 대해 진술하는 데 성공한다. 그 내용은 기계적인 시간에서 벗어나 과거와 순간, 혼돈과 선행(善行), 상상력과 현실을 더 이상 구분하지 않는 내면의 시간으로 침잠하는 꿈의 여명이다. 내면의 시간에 대한 발견은 새삼스러운 일은 아니다. 세네카, 아우구스티누스, 로크, 스턴이 그것에 대해서 이미 깊이 사색했던 바 있다. 그러나 루소로 하여금 내면의 시간에 몰두케 하고, 특히 외계 적대적인 정신과 병행시켰던 시적인 집중은 미래의 시를 향한 개척적인 힘을 가지고 있던바 그것은 종래의 사변적인 시간 분석에서는 생겨날 수 없었던 것이다. 기계적인 시간, 시계는 기술 문명의 가장 혐오스런 상징으로 여겨진다. (보들레르와 그 이후의 A. 마차도 같은 많은 작가들의 경우에서와 같이) 내면의 시간은 억압적 현실로부터 거리를 유지하는 시의 성곽들을 형성하게 된다.

디드로도 상상력에 독자적인 지위를 부여하며 심미적인

능력을 지적, 윤리적 능력보다 우위에 둔다. 그에게 있어서 상상력은 천재만의 것으로서 이념, 선과 악, 진리와 오류 사이의 구분을 뛰어넘어 더 이상 내용적으로 구속되지 않는 순수한 동력에 따라 평가해야 하는 정신적인 힘들의 자기운동이다. 그러므로 시란 애초부터 대상에 대한 진술이 아니며, 자유자재한 은유의 창작과 아울러 극단적 음향을 사용하여 자신을 극단 속으로 내던질 수 있도록 허용받은 감정의 운동이다. 이러한 견해는 보들레르의 시에 의해 구체적으로 실현되며 흔히들 추상시라고 부르는 시의 현대성의 근거가 된다.

루소와 디드로가 말하는바 상상력과 시에 대한 개념들은 독일, 프랑스 및 영국의 낭만주의에서 더욱 강화되며, 낭만주의 시에 대한 해석을 목표로 미래의 시문학이라는 개념을 구상한 노발리스가 그 결정적인 단서를 제공한다. 그에게 있어서 시는 일상의 삶에 대항하는 방벽이며 예감과 마술을 그 본질로 하는 시적 인간들이 관습의 세계에 맞서서 노래하는 저항이다. 아울러 상상력은 모든 형상들을 구성과 대수학적 방식에 의해 서로 뒤섞어 놓는 자유를 누린다. 그러므로 시어는 전달이라는 목표가 없는 자족적인 언어가 되며 수학의 공식과 같이 스스로의 세계를 만들고 그 자신으로서만 작용한다. 여기에서 현대시의 주요한 특징인 공작성(工

作性)의 개념이 생긴다. 정감이 아니라 중성적인 내면성, 현실이 아닌 상상력, 세계의 통일성이 아닌 파편성, 이질적인 것들의 혼합, 혼돈, 모호함과 언어 마술에 의한 매혹, 익숙한 것을 낯설게 만드는 수학에 비견할 만한 냉철한 작업 방식, 이러한 것들이 보들레르의 시론, 랭보, 말라르메와 현대시인들의 시의 토대를 이루는 바로 그 구조다.

제2장
보들레르

현대성의 시인

보들레르의 등장으로 프랑스 시는 전 유럽의 관심사가 되었다. 이것은 프랑스 시가 이후 독일, 영국, 이탈리아와 스페인에 미친 영향에서 확인된다. 프랑스 자체 내에서는 다른 낭만주의자들과는 다른 유의, 더욱 전위적인 사조들이 보들레르로부터 시작되어 랭보, 베를렌, 말라르메를 관통하고 있음이 곧 확인되었다. 말라르메의 고백에 의하면 그는 보들레르가 중단해야 했던 곳에서 출발했다. 만년의 발레리도 자신이 보들레르의 직계 후손임을 고백했다. 영국인 엘리엇은 보들레르를 "그 사용 언어의 종류를 초월하여 현대시의 가장 위대한 모범"이라고 칭송한다. 1945년 장 콕토(J. Cocteau)는 "찌푸린 인상 뒤에서 그의 시선은 마치 별빛과 같이 서서히 우리들에게로 다가온다"라고 말하고 있다.

이러한 유의 많은 논평들의 요지는 그가 '현대성'의 시인이라는 점인데, 이는 전적으로 타당하다. 그것은 요컨대 상업화되고 기술화된 문명 속에서의 시의 가능성이라는 보들레르 자신의 문제에서 비롯된다. 그의 시가 그 길을 보여주며, 그의 산문은 그것에 대한 이론적 탐구를 수행한다. 그 길은 현실의 범속성으로부터 가능한 한 먼 간격을 유지하면서 비밀스런 영역으로 들어가, 현실 문명의 자극적인 소재들까지 그 속에 편입시켜 시의 울림 속에 드러나도록 한다. 여기에서 현대시의 마력적이면서도 유혹적인 본성의 서막이 전개된다.

보들레르의 근본적 특성은 무엇보다도 그 정신적인 엄격성, 그리고 청명한 예술가 의식에 있다. 그는 시적 재능과 비판적 지성을 결합시킨다. 시작(詩作) 과정에 대한 그의 통찰은 자신의 시 자체와 동일한 위계를 이루거나, 많은 경우 노발리스의 경우와 같이 그것에 앞서기도 한다. 이러한 통찰은 다음 시대에 그의 시보다도 더 큰 영향을 미치게 되었다. 평론집 ≪미학적 호기심≫과 ≪낭만주의 예술≫(둘 다 1868년 보들레르 사후에 출간됨)에 이러한 통찰이 수록되어 있다.

탈개성화

보들레르와 낭만주의자 사이의 연관은 연구 결과 어느 정도

밝혀졌다. 하지만 우리는 그의 유별성에 특히 주목해야 한다. 그것은 다름 아니라 그로 하여금 낭만주의 유산을 물려받아 그것을 이후 시대의 시와 사유로 변형시키게 한 힘이다.

《악의 꽃》(1857)은 비록 그 속에 고독한 자, 불행한자, 병자의 고통에서 비롯된 많은 요소가 들어 있음에도 불구하고, 개인적인 상황을 기록한 고백시나 일기는 결코 아니다. 보들레르는 빅토르 위고가 그랬던 것과는 달리 자신의 시 중 어느 것에도 날짜를 기록하지 않았다. 보들레르의어떤 시도 그 본래적인 주제를 전기적인 사실로부터 해명할수는 없다. 보들레르와 함께 현대시의 탈개성화가 시작된다. 이것은 수백 년 전통의 시와 결별하려 했던 낭만주의자들이 추구했던 바다. 우리는 보들레르 자신이 이에 대해서언급한 것에 특히 주목해야 한다. 물론 보들레르의 진술이E. A. 포의 유사한 생각을 이어받고 있다고 해서 그 가치가떨어지는 것은 아니며, 오히려 그것을 올바른 방향으로 끌어가고 있다.

프랑스 바깥에서는 포가 가장 단호하게 시와 심정을 서로 분리시켰다. 그는 시의 주체로서 열광적인 자극을 요구했는데, 그것은 개인적인 열정이라든지 심정의 도취와는 전혀 상관없는 것이다. 오히려 열정적 자극이란 말로써 그가의도하는 바는 포괄적인 조율성, 굳이 이름 붙이자면 정신이라고 할 수 있는 것이다. 하지만 포는 여기에다가 매번 '심정이 아님'이라는 단서를 덧붙인다. 보들레르는 포의 이러한 견해를 문자 그대로 반복하면서 자신의 용어를 사용하여 변주시킨다. "상상력의 지각 능력과 달리 심정의 지각 능력은 시의 창작에 유익하지 않다"[1](보들레르 전집, 1031쪽 이하). 여기서 주목해야할 사실은 보들레르가 상상력을 지적으로 통제 가능한 작업으로 파악한다는 점이다.

인용된 말이 요구하는 바는 어려운 과제를 더욱 나은 방식으로 해결하는 명철한 상상력을 위해 모든 개인적인 감상을 배제하라는 것이다. 보들레르는 개인적 심정을 중성화시키는 시의 능력을 옹호하며, 대개의 경우 이전의 낡은 관념들로써 은폐되어 있긴 하지만 이러한 작업은 암암리에 진행된다. 그러나 개성의 중성화로부터 시 주체의 탈개성화로 이르는 미래의 발전 방향은 역사적인 필연이다. 어쨌든 이후 엘리엇과 다른 사람들에 의해 시 창작의 엄밀성과 타당성의 전제 조건으로 선언된 탈개성화는 이미 보들레르에게서 나타났던 것이다.

방법상의 끈질김과 철두철미함으로써 그는 현대성의 필

---

1) Baudelaire, Ch., ≪oeuvres complètes≫(Éd. J.-G. Le Dantec Bibl. de la Pléiade, Paris, 1954). 이하 '보들레르 전집'으로 약칭한다.

연적 산물인 불안, 무출구성, 열렬한 소망에도 불구하고 공허 속으로 사라져버리는 이상성 앞에서의 좌절과 같은 자신의 내면에 투영된 생의 모든 국면들에로 진입한다. 그는 자신이 그러한 운명을 감내할 수 있는 신들린 상태에 있다고 말한다. '신들림'과 '운명'은 그의 핵심적인 두 표제어다. 더 나아가서 '집중', 그리고 아울러 '자아 집중'이 여기에 부가된다. 그는 "요지부동으로 집중하고 있는 자가 바로 영웅이다"라는 에머슨의 잠언을 자신에게 적용시킨다.

집중과 형식 의식: 시와 수학

≪악의 꽃≫은 그 속의 시들을 하나의 집중된 유기체로 만드는 단일 주제의 혈맥으로 관통되어 있다. 이것은 체계라고도 말할 수 있는 것인데, 특히 그의 평론, 일기, 그리고 몇몇 편지가 그 주제들을 받쳐주는 버팀목을 마련코자 심혈을 기울이고 있다. 그의 시에 나타난 주제들은 그렇게 많지 않다. 게다가 놀라운 것은 그것들이 정말 이른 시기에(이미 40년대에) 나타났다는 점이다. 보들레르는 ≪악의 꽃≫이 나올 때까지, 그리고 죽을 때까지 그 주제들의 테두리를 거의 벗어나지 않는다. 그는 새로운 시를 쓰기보다는 오히려 이

전의 구상을 개선하는 데 주력했다. 그래서 혹자는 이 점에서 그의 창작의 불모성을 보려고 한다. 그러나 바로 그와 같은 점으로부터 일단 도달했던 돌파 지점을 더욱 심화시키고 견고하게 만드는 집중의 생산성이 나온다. 그리고 이러한 집중의 생산성이 예술적인 완성의 의지를 활성화시킨다.

보들레르는 자신의 창작 방식에 대해 집중적으로 천착함으로써 '심정의 도취'에 빠지지 않으려는 의도를 관철시킨다. 순수한 시로 나아가는 행위는 작업, 건축술의 정연한 시행, 언어 자극의 조작을 통해서 이루어진다. 보들레르는 ≪악의 꽃≫을 단순한 앨범이 아니라 발단, 조직적인 진행 및 종말을 가진 하나의 전체로 만들고자 했다는 점을 여러 차례 환기시켰으며, 이것은 적중했다. 내용상으로 볼 때 ≪악의 꽃≫은 절망, 마비, 비실재로의 열광적인 비약, 죽음에의 욕구, 병적인 자극의 유희로 이루어져 있다. 그러나 이러한 부정적인 내용들은 주도면밀한 구성에 의해 감싸질 수 있다. 페트라르카의 ≪칸초니에레≫, 괴테의 ≪서동시집≫, 기엔의 ≪칸티코≫와 나란히 ≪악의 꽃≫은 유럽 시 중에서 가장 엄격한 건축공학에 따른 시편이다. 특히 초판에서는 심지어 숫자 배열식 구성의 옛 관행을 적용하고 있다. 보들레르는 이후의 판들에서 숫자 배열식 구성을 포기했지만 내적인 질서는 더욱 강화시켰는데, 이 점은 어렵지 않게 간파할 수 있다.

보들레르가 ≪악의 꽃≫을 하나의 건축물로서 구성했다는 사실은 자신들의 시집을 단순한 수집으로 여기고 임의적인 구성 속에서 영감의 우연을 또한 형식적으로 반복시키는 낭만주의자들과의 간격을 입증한다. 더 나아가서 이것은 보들레르의 시작(詩作)에서 형식의 힘이 차지하는 역할을 보여준다. 형식의 힘은 장식이라든지 당연한 관행을 훨씬 넘어서는 것이며, 극단적으로 불안정한 정신적 상황에서 극단적으로 추구되는 구제의 수단이다. 시인들은 노래 속에서 비애가 용해된다는 사실을 이미 오래전부터 알고 있었다. 이것은 말하자면 고도로 형식화된 언어로의 변형을 통한 고통의 정화다.

보들레르는 형식을 통한 구제라는 말을 자주 한다. 왜냐하면 그것은 유래 깊은 로망스어의 형식 의식을 입증할 뿐만 아니라 다수의 현대인들이 선호하는 시작 방식을 뒷받침하기 때문이다. 이들의 시작 방식에서 각운, 시구의 음절 수, 시연의 구성과 같은 관습들은 마치 악기처럼 취급되며, 언어 속으로 파고 들어가서 시의 내용적 구성으로는 성취할 수 없었을 작용을 불러일으키는 것이다.

보들레르는 도미에가 비천한 것, 시시한 것, 영락한 것들을 치밀하고 명료하게 표현했다는 점에서 그를 칭송한 적이 있다. 물론 그는 자신의 작품에서도 그 점을 자랑할 수 있었을 것이다. 그의 작품은 극단성과 엄밀성을 결합시키는데 그 점이 또한 미래시의 전주곡이다. 보들레르는 노발리스와 포에 의해 시론에 도입되었던 계산의 개념을 받아들인다. 그는 매우 이례적으로 단순한 자연성에 대한 예술성(즉 인공성)의 우월에 관해 논하면서 '미는 이성과 계산의 산물'(보들레르 전집, 911쪽)이라고 말한다. 영감조차도 그에게는 단순한 자연이자, 불순한 주관성으로 여겨졌다. 문체의 적확성을 표시하기 위해 보들레르는 문체를 '수학의 기적'에 비교하며, 은유에 '수학적 엄밀성'의 지위를 부여한다. 이 모든 것은 시의 과제와 '수학 문제의 엄밀한 논리' 사이의 친근성을 말했던 포에 근거하고 있다. 그리고 이것은 말라르메를 넘어 오늘날의 시학에까지 그 영향력을 발휘한다.

종말론과 현대성

주제 면에서도 보들레르는 낭만주의로부터 전회했다. 낭만주의자들은 후기 계몽주의 이래로 다시 세력을 확장하던 (고대와 기독교에서 유래한) 종말론적 세계 해석을 발전시켰는데, 이에 의하면 자신들의 시대는 종말로 규정된다. 게다가 문화의 일몰이 뿜어내는 색채의 미로 스며든 정서가 당대를 풍미했다. 보들레르도 자신과 그 시대를 종말에 위치시키기는 하지만, 낭만주의와는 다른 형상과 자극을 수반하고 있다.

18세기 이래로 유럽을 관통하여 현재까지 지속되는 종말론적 의식은 그의 예리한 눈길 속에 포착되었다. 1862년에 그의 시 ＜낭만적 석양＞이 발표된다. 이것은 점차로 소멸해 가는 빛과 환희가 차디찬 밤으로 하강하면서 늪지대와 역겨운 짐승들 앞에서 전율하게 되는 일련의 과정을 보여준다. 상징의 의도는 명백하다. 그것은 궁극적인 암울함, 영혼이 그 몰락 가운데서도 유지할 수 있었던 자신과의 친숙성의 상실을 암시한다. 보들레르는 시대의 운명에 부응하는 시는 어둠과 비규범에 천착함으로써만 획득할 수 있다는 사실을 간파하고 있다. 그것은 자기 자신으로부터 소외된 영혼이 계속해서 시를 쓸 수 있으며 종말을 은폐하고 있는 '진보'의 비속함으로부터 벗어날 수 있는 유일한 성소다. 그러므로 그는 수미일관하게도 ≪악의 꽃≫을 '종말을 고지하는 뮤즈 여신의 불협화음'으로 칭한다.

낭만주의자들과는 비교할 수 없을 정도로 그는 현대성의 개념을 깊이 숙고했다. 부정적인 측면에서 그는 추악함, 아스팔트, 인공조명, 돌이 깔린 좁은 길, 범죄, 소란한 군중 속의 고독으로 차 있는 황량한 대도시의 세계를 주목하고 있으며, 더 나아가서는 증기와 전기로 작동되는 기술과 진보의 시대를 겨냥하고 있다. 보들레르는 진보를 '영혼의 점차적인 감소, 물질의 점차적인 지배'로, 어떤 때에는 '정신의 위축'으로 정의한다. 플래카드, 신문, '모든 것을 평준화시키는 민주주의의 높아가는 물결'에 대한 '끊임없는 역겨움'이란 표현도 보이는데, 이것은 스탕달, 토크빌, 그리고 얼마 후 플로베르도 사용했던 말들이다.

하지만 보들레르에 있어서 현대성의 개념은 또 다른 측면을 가지고 있다. 보들레르 자신의 본성이 불협화적이어서, 부정적인 것으로부터 또한 매혹의 대상을 만들어낸다. 이를테면 가련함, 타락, 악, 어둠, 인공성 등의 매력적인 소재를 시로써 포착하는 것이다. 이것들은 시를 새로운 방향으로 인도하는 비밀을 포함하고 있다. 보들레르는 대도시의 쓰레기 더미에서 신비의 냄새를 맡는다. 게다가 그는 인공성의 절대적 영역을 건설하기 위해 자연을 배제시키는 모든 작용을 긍정한다. 불협화음적인 대도시의 형상은 보들레르 자신에게 매우 강렬한 자극을 준다. 그것은 가스등과 저녁 하늘, 꽃향기와 타르 냄새를 결합시키며, 욕망과 비탄으로 가득 차 있고, 자신의 시의 거대한 진동 곡선과 대조를 이루고 있다. 마치 독초에서 추출한 약과 같이, 범속성에서 유래하는 그 형상은 시적인 변용을 통해 '범속성의 죄악'을 치료한다. 역겨움은 고상한 음향과 결합하면서 그가 칭송해 마지않는 포의 저 '갈바니 전류의 짜릿한 전율'을 획득하게 된다. 빗자국이 있는 먼지 낀 창, 퇴색한 잿빛의 현관들, 금속의 독록(毒綠), 더러운 얼룩, 그리고 창녀의 짐승 같은 잠으로서의 아침놀. 승합자동차의 소음, 입술 없는 얼굴, 노파, 취주악, 분노에 찬 눈동자, 맥 빠진 향기, 이런 것들이 보들레르의 시로 '충전된' 현대성의 내용이다.

추(醜)의 미학

보들레르 시의 대상은 더 이상 이전의 미 개념과 부합되지 않는다. 보들레르는 미에 공격적인 자극, '낯설게 하는 향료'를 부여하기 위해 변용 해석과 역설이라는 보충 수단을 동원한다. 미를 범속성으로부터 보호하고 진부한 취향에 자극을 주기 위해서 미는 기이한 것이 되어야 한다. 미에 대한 그의 정의 중의 하나는 '순수하고 기괴한 것'이다. 지금까지보다 더욱 격렬하게 비규범성은 이제 현대시의 목표로서 또한 그 토대의 하나로서 자신을 주장한다. 추라고 볼 수 있는 이 새로운 미는 범속한 것을 즉각 기이한 것으로 변형시켜서 받아들이며, 한 편지에 쓰여 있는 바대로, '경악스러움을 익살스러움과 결합시킴'으로써 그 불안정한 본질을 얻게 된다.

이것은 프리드리히 슐레겔의 '초월적인 익살', 빅토르 위고의 그로테스크 이론 이후에야 공공연하게 된 생각들을 첨예화시킨 것이다. 보들레르는 포의 ≪그로테스크와 아라베스크의 이야기들≫(1840)이라는 표제에 수긍했다. "왜냐하면 그로테스크와 아라베스크는 인간적 표정을 사절하기 때문이다." '순전히 희극적인 것'에 대해 못마땅해하면서 보들레르는 도미에의 풍자화 속에 나오는 '유혈 낭자한 광대극'에 찬동하고, '절대적 희극성의 형이상학'을 전개하며, 그로테스크 속에서 이상성과 악마적인 것의 충돌을 보면서 그것을 미래에 나타날 부조리 개념으로 확대시킨다. 이것은 인간에게 '웃음을 통해서 고통을 표현하도록' 강요하는 법칙이다. 게다가 보들레르는 '부조리의 정당성'이란 말을 사용하면서 꿈을 추켜세운다. 왜냐하면 꿈은 현실적으로 불가능한 것에 '부조리의 무시무시한 논리'를 부여하기 때문이다. 부조리는 현실의 억압으로부터 벗어나기 위해 보들레르와 이후의 사람들이 그 속으로 들어가려고 했던 비실재성에 대한 조망을 가능하게 한다.

붕괴된 기독교

"한 시인의 영혼을 투시하기 위해서는 그 작품 속에 가장 빈번하게 나타나는 단어를 찾아야 한다. 단어는 그가 무엇에 사로잡혀 있는지를 드러내준다"(보들레르 전집, 1111쪽). 보들레르의 이 문장은 탁월한 해석 원리를 포함하고 있다. 우리는 이것을 보들레르 자신에게 적용할 수 있다. 그의 정신세계의 엄격함, 소수이긴 하지만 농축된 주제의 지속적인 반복에 의해서 우리는 가장 빈번하게 쓰이고 있는 단어들의 초점을 읽어낼 수 있다. 말하자면, 그것은 핵심어들인데, 우리는 별로 힘들이지 않고 그것을 두 대립적인 집단에 소속시킬 수 있다. 한편에는 암흑, 심연, 불안, 황량함, 황무지, 추위, 감옥, 검은, 게으른… 등의 단어가, 다른 한편에는 비약, 하늘색, 하늘, 이상, 빛, 순수함의 단어가 자리 잡고 있으며 거의 모든 시에서 긴장에 찬 대립 명제가 이어진다. 종종 그것은 아주 좁은 공간 내에 밀착됨으로 해서 '더러운 위대성', '붕괴된, 그리고 매력적인', '유혹적인 공포', '검고 환한' 같은 어휘상의 불협화를 낳게 된다. 우리는 정상적으로는 결합될 수 없는 것의 이러한 결합을 모순어법이라고 부른다. 이것은 복합적인 정신 상태를 나타내기에 적합한 기법으로서 유서 깊은 예술형식이다. 보들레르의 경우에는 그

과도한 사용 때문에 특히 눈에 띄며, 보들레르의 근본적인 불협화를 포착할 수 있는 실마리로서 작용한다. 그러므로 보들레르와 친교를 맺었던 바부(H. Babou)가 ≪악의 꽃≫을 표제로 승격시켰던 것은 훌륭한 착상이었다.

이러한 단어군 배후에 기독교의 잔해가 잠복해 있다. 보들레르는 기독교 없이는 생각할 수 없는 인물이다. 하지만 그가 기독교도였던 것은 결코 아니다. 그리고 그가 '사탄주의'라는 말을 자주 언급한다고 해서 기독교와의 연관이 부정되는 것도 아니다. 스스로 사탄에 사로잡혀 있다고 생각하는 자는 기독교적인 낙인을 지니고 있다. 그러나 그것은 기독교의 구원 신앙과는 별개의 것이다. 간략하게 말하자면 보들레르의 사탄주의는 단순한 동물적인 악(그러므로 범속한 악)을 지성이 고안해 낸 악으로 대체시킴으로써, 그러한 최고도의 악으로부터 이상성에로 뛰어드는 목적을 달성코자 한다. ≪악의 꽃≫의 잔혹함과 도착은 여기에서 비롯된다. 무한에의 갈망 때문에 이것들(즉 잔혹함과 도착)은 자연, 웃음, 사랑을 악마적인 것으로 퇴락시키고, 거기에서 '새로움'으로의 돌파구를 찾으려 한다.

보들레르의 소위 기독교적 성향을 입증하기 위해 자주 끌어대는 많은 세세한 증거들에 의해서도 이러한 사정은 바뀌지 않는다. 그는 기도하려는 의지를 갖고 있었으며 정말 진지하게 죄에 대해 토로했고 인간의 책임을 너무도 깊이 자각했던 터라, 인간의 고통을 '억압된 모성(母性) 유착(Mutterbindung)'쯤으로 설명하는 오늘날의 영리한 심리학자들의 견해를 들었더라면 피식 웃고 말았을 것이다.

그러나 그는 어떤 길도 발견하지 못했다. 그의 기도는 무기력하게 이어지다 마침내는 무가 되고 말았다. 그는 고통에 대해 시작(詩作)하고 거기에서 인간 존엄의 표지를 보았으며 얀세니즘의 흔적이 자신 속에 살아 있음을 입증하는 영겁의 저주를 자각하고는 있었다. 그러나 분열을 더욱 극심하게 만드는 이외의 어떠한 결단도 그는 내릴 수 없었다. 그러한 분열의 과도함은 양면으로 드러난다. 우리는 여성에 대한 그의 태도에서 그 점을 확인한다. 분열의 저주는 어떠한 인간적인 중용도 인정치 않는다.

그의 시에서 예수는 일시적인 은유로서 혹은 신으로부터 버림받은 자로서만 나타난다. 저주받으려고 하는 의식의 배후에는 저주를 '기꺼이 향유하려는' 욕망이 꿈틀거리고 있다. 이 모든 것은 물론 기독교적 유산 없이는 생각할 수 없다. 그러나 거기에 남아 있는 것은 일종의 붕괴된 기독교일 따름이다. 예전의 마니교도들처럼 보들레르는 악을 다시 분리시켜 자신의 힘으로서 소유한다. 이 힘의 심연과 그 역설적인 뒤섞임 속에서 그의 시는 비규범성에의 용기를 획득하는 것이다.

공허한 이상성

어쨌든 우리는 이 붕괴된 기독교라는 관점으로부터 이후 세
대에 심대한 영향을 미치는 보들레르 시의 더욱 보편적인
특성을 알 수 있다. 그것은 '작열하는 정신성', '이상', '상승'
과 같은 개념에 연결되어 있다. 그러나 어디로의 상승인가?
때때로 신이 그 목적지로 거명되기는 하나, 불확실한 이름
만으로 나타날 때가 훨씬 빈번하다. 그것은 무엇인가? 시
<상승>이 거기에 답한다. 내용과 음률의 전개는 높은 곳
을 향하고 있다. 그러나 상승의 도착점, 아니 더 나아가 도
달에의 의지가 있느냐가 문제다. 언젠가 스페인의 신비주의
자 후안 데 라 크루스(Juan de la Cruz)는 "나는 그렇게, 더
높이 날아 올라갔다. 그래서 나의 청춘은 목표에 도달했노
라"는 시를 남겼다. 보들레르에게 있어서 도착은 스스로 의
식하고는 있으나, 마지막 연에서 보듯이, 자신에게는 허락
되지 않는 가능성으로 남아 있을 뿐이다. 그래서 '신성한
술', '오묘한 무한', '찬연히 빛나는 공간들'이라는 말들로써
모호하게 표현할 뿐, 신에 대해서 직접적으로 언급하지는

않는다. 상승의 목적지는 요원할 뿐만 아니라 또한 공허하며, 내용 없는 이상성이다. 말하자면 그것은 과도한 열정으로 추구하기는 하나 도달할 수 없는 단순한 긴장의 극점이다.

이는 보들레르의 시 도처에서 드러나는 현상이다. 공허한 이상성은 낭만주의에 그 기원을 두고 있으나, 보들레르가 그것을 역동화시켜 한편으로 위를 향한 과도한 긴장을 일깨우면서 동시에 그 긴장의 주체를 아래로 몰아치는 동력(動力)으로 만들었다. 이것은, 마치 악과 같은 것으로, 추종자가 긴장을 늦추지 않고 따라야만 하는 일종의 강제다. 그러므로 '이상'과 '심연'은 동격화되고, '갉아먹는 이상', '나는 이상의 함정에 묶였다', '도달할 수 없는 하늘색'과 같은 표현들이 생겨난다. 정통 신비주의자들도 사용했던 이러한 표현은 지복(至福)의 이전 단계로서의 신적인 은총의 고통스럽고도 환희에 찬 강요를 지칭하는 것이었다. 보들레르에게 있어서 사탄적인 악과 공허한 이상성이라는 두 극은 범속한 세계로부터의 탈주를 가능케 하는 자극을 유지시킨다는 의의를 가지고 있다. 하지만 탈주는 그 목표가 없으며, 불협화적인 자극 이상의 것이 아니다.

이것은 현실 이탈의 욕구로 인해 신경쇠약에까지 이르나 내용적으로 확실하고 유의미한 초월을 믿거나 창조하기에

는 무기력한 저 현대성의 혼돈에서 비롯한다. 이것은 시인
들을 해소됨이 없는 긴장의 역동성 속으로, 그리고 그 자체
의 비밀 속으로 이끌어간다. 보들레르는 이따금 초자연성과
신비라는 말을 사용한다. 이 말들에 담긴 그의 의도는 우리
가 그와 마찬가지로 이 말들을 절대적인 비밀성 그 자체가
아닌 다른 내용으로 채우려는 것을 포기할 때야 비로소 이
해할 수 있다. 공허한 이상성, 불확정적인 '타자', 랭보와 더
불어 더욱 불확실하게 되고, 말라르메에게서는 무가 되며,
그 자체 내에서 선회하는 현대시의 비밀성, 이러한 것이 그
에 상응하고 있다.

언어 마술

≪악의 꽃≫은 결코 모호한 시가 아니다. 이것은 그 비규범
적인 의식의 토대, 비밀과 불협화를 이해 가능한 운문 속에
붙들어 놓고 있다. 보들레르의 시론도 매우 명료하다. 그의
시론은 이후에 곧 대두하게 되는 모호한 시의 토대를 마련
했다. 이제 우리가 여기에서 주목할 것은 주로 언어 마술과
상상력의 두 이론이다.

　시, 특히 로망스어의 시는 시구가 그 내용보다 더욱 강력

하게 작용하는 음향의 독자적인 힘에 의해 고양되었던 순간에 이미 익숙해 있다. 조율이 잘된 모음과 자음 혹은 율동상의 대비에서 생겨나는 음향은 귀를 매혹시킨다. 그러나 예전의 시들은 그러한 경우에도 결코 내용을 희생시키지는 않았으며, 오히려 음향의 지배 가운데서도 그 의미를 더욱 증대시키려고 했다. 베르길리우스, 단테, 칼데론, 라신에서 그 예를 쉽게 찾을 수 있다. 그런데 유럽의 낭만주의 이후로 사정이 달라진다. 진술보다는 울림에 비중을 두는 시구가 생겨난 것이다. 언어의 음향 요소는 암시적인 힘을 보유하고 있다.

언어의 음향적이고 율동적인 요소를 마치 마술의 주문과 같이 다루는 결합술로 시를 생겨나게 할 수 있다는 사실은 잘 알려져 있다. 주제 설정이 아니라 이러한 음향 요소로부터 부유하는 불확정적인 의미가 생겨나는데, 그 신비스러움은 말의 핵심적 의미보다는 음향의 힘과 부수적인 의미 영역에 의해 구체화된다. 이러한 가능성이 현대시의 지배적인 창작 원리가 되었다. 시인은 이제 음향의 마술사가 되는 것이다.

시문학과 마술 사이의 친근성에 대한 인식은 아주 오랜 역사를 가지고 있다. 그러나 이러한 인식은 인문주의와 알프스 이북의 의고전주의가 그것을 잘못 내버렸기 때문에 다시 획득해야 했다. 18세기 말엽 이후로 진행되었으며 미국에서는 E. A. 포의 이론에 의해 구체화되었던 이러한 인식은 고대의 작품을 계승하려 할 뿐 아니라 시에 지성을 부여하려는, 점점 증대하는 특별나게 현대적인 요구에 부응했다. 노발리스가 시에 대해 언급하면서 이미 수학이나 마술 같은 개념을 서로 밀접하게 연관시켰다는 사실이 그러한 현대성의 징후다.

보들레르는 포를 번역했고 이를 통해 포가 최소한 프랑스에서 20세기 깊숙이까지 지속적인 영향력을 발휘하도록 했다. 포의 착상의 본질은 그가 이전의 시에서는 당연시되었던 창작 행위의 순서를 전도시켰다는 데에 있다. 결과로 보이는 '형식'이 시의 원천이 되고, 원천으로 보이는 '의미'가 결과가 된다. 말하자면 의미에 치중하는 언어에 선행하면서 자신을 주장하는 '소리', 즉 무형상의 음률이 창작 과정의 출발점을 이루는 것이다. 시에 형상을 부여하기 위해 시인은 그러한 소리에 가장 적합한 음향 요소를 찾는다. 소리들이 말들에 결합되고, 이 말들은 마침내 모티프별로 분류되며, 이것들로부터 최종적인 의미 연관이 생성된다. 노발리스에게서는 어렴풋한 구상에 불과했던 것이 이제 여기에서 철저한 이론으로 승격된다. 즉 시는 우선적으로 '소리'에 따르면서 부차적으로 내용을 싣고 가는 길을 지시하는 언어 자극에서 생겨난다는 것이다. 그러므로 내용은 더 이상 시의 본래적인 실체가 아니며 음향의 힘, 그리고 의미를 넘어서 존재하는 떨림을 담는 그릇에 지나지 않는다.

　이러한 작시법은 마술적인 언어의 힘에 대한 몰두로부터 성립한다. 음향의 지배하에서 부차적으로 의미를 할당하는 작업은 '수학적인 엄밀성'을 요구한다. 시는 그 자체로 완결된 하나의 형상체로서, 진리도 '심정의 도취'도, 그리고 어떠한 것도 매개하지 않으며, 시 자체로 존재할 뿐이다. 포의 이러한 생각과 더불어 이후 순수시 개념을 중심축으로 하여 선회하는 현대시 이론이 정착되었다.

　보들레르는 시보다 이론적인 해명에 훨씬 깊이 천착했다. 그의 해명은 마술적인 음향의 힘에 집중함으로써 점차적으로 사물적, 논리적, 감정적, 그리고 문법적인 질서를 포기하게 되는, 그리고 심사숙고하더라도 발견되지 않을지도 모르는 내용을 언어 자극의 범주에서 제외시켜 버리는 시의 전범을 앞서 보여주고 있다. 이것은 이해 가능성의 경계선 혹은 경계선 너머에 있는 비규범적 의미의 내용들로 이루어져 있다. 바로 여기에서 연결 고리가 성립되며, 여기에서 현대시 구조의 더욱 광범위한 수미일관성이 드러난다. 공허한 이상성에 토대를 둔 시는 불가사의한 신비성을 창출함으로써 현실로부터 이탈하게 되며, 그런 만큼 언어 마술에 의해 보강될 수 있다. 왜냐하면 말의 음향효과와 연상 작용을 조절함으로써 모호한 내용과 아울러 순수한 음향의 비밀에 찬 마력들이 활개를 칠 수 있게 되기 때문이다.

창작적 상상력

보들레르는 '현실에 대한 역겨움'이라는 말을 자주 사용한다. 특기할 만한 사실은 ≪악의 꽃≫이 유죄판결을 받았을 때 그의 비위를 가장 건드린 것은 사실주의라는 비난이었는데, 그것은 당연한 귀결이었다. 왜냐하면 당시 이 개념은 도덕적·미학적으로 상스럽고 미천한 현실을 표현하는 문학을 가리키는 것이었기 때문이다. 보들레르의 시는 복사가 아니라 변형을 추구한다. 그의 시는 충동적인 악에 동력을 부여하여 사탄적인 것으로 역동화시키고, 비참한 이미지들에서 소름 끼치는 공포를 만들어내며, 중성적인 현상을 소재로 하여 내적인 상황 혹은 그가 공허한 이상성으로 채우고 있는 저 불확실한 비밀의 세계를 상징하도록 만든다. 그러므로 보들레르를 사실주의자라든지 자연주의자로 부른다면 경솔한 짓이다. 극도로 날카롭고 충격적인 그의 소재들 속에서는 모든 현실로부터의 이탈을 추구하는 그의 '작열하는 정신'이 격렬하게 타오르고 있다.

　현실을 변형시키고 탈실재화시키는 이러한 능력에 대해

보들레르가 붙인 명칭 중에서 두 개가 지속적으로 반복되는데, '꿈(rêve)'과 '상상력(imagination)'이 그것이다. 그는 루소와 디드로보다 더욱 단호하게 이 말들에다가 뛰어난 창작적 능력의 지위를 부여한다.

우리는 꿈이라는 개념의 예민하고 엄격한 속뜻을 이해해야 한다. 이것은 꿈이 '유약한 멜랑콜리', 단순한 '토로', '심정'으로부터 명백하게 분리될 때라야만 가능하다. 포를 번역한 ≪신(新)역사≫의 서문은 꿈을 '수정같이 번쩍이는, 비밀스럽고 완벽한' 것으로 칭한다. 꿈은 인지적 능력이 아니라 창출적 능력으로서 결코 혼란스럽거나 임의적인 방식이 아니라 정확하고 주도면밀하게 작용한다. 어떠한 방식으로 나타나든 간에 꿈의 결정적인 요소는 그것이 언제나 비실재적인 내용을 창출한다는 데에 있다. 그 본질에 있어서 시와 유사한 꿈은 마취제와 약물에 의해서도 작동되거나 아니면 정신병의 상태에서 생겨날 수도 있다. 이 모든 자극은 '마술적인 조작'에 유용하며, 꿈은 이러한 조작에 의해서 창작된 비현실을 현실 위에 놓는다.

보들레르가 꿈을 "수정처럼 완벽하다"고 말했을 때, 그것은 우연한 비교가 아니었다. 이 말 속에는 무기적인 것과 동일시함으로써 꿈에게 확실한 지위를 부여하려는 의도가 들어 있다. 이미 노발리스에게서 우리는 이 점을 간파할 수 있었다. "돌과 직물이 가장 고귀한 것이며, 인간은 본래부터 혼돈의 존재다." 연금술에서 기원하는 이러한 위계질서의 뒤바꿈은 보들레르가 꿈의 테마를 다루는 곳에서 일관되게 나타나는 현상이다.

예술성과 무기성을 그처럼 강력하게 동격화하는 것, 시로부터 실재성을 단호하게 배제하는 이러한 현상은 이전 시대에 있어서 현대시와 은밀한 끈에 의해서만 미약하게 연결되는 이탈리아와 스페인의 바로크 문학에서만 발견되는 현상이다.

그러나 거기에서도 예술성과 무기성의 동일화를 결정적으로 보여주는 텍스트인 <파리의 꿈>과 같은 시는 없었다. 실재하는 도시가 아니라 고의적으로 구성한 꿈의 도시, 모든 식물성이 추방된 입체적 형상, 유일하게 움직이는 것이지만 죽어 있는 원소인 물을 에워싸고 있는 아치, 순수한 심연들, 귀금속으로 이루어진 만곡선, 태양도 별도 없음, 그 자체로 빛나는 흑색, 인간도 장소도 시간도 소리도 없는 전체.

해체와 데포르마시옹

상상력에 대한 보들레르의 설명은 현대시와 예술의 발생에 있어서 아주 중요한 몫을 차지한다. 그에게 있어서 상상력은— 그는 본래 상상력과 꿈을 동일시한다— 오로지 창작적인 능력, '인간 능력 중의 여왕'으로 간주된다. 상상력은 어떻게 작용하는가? 1859년 그는 다음과 같이 쓰고 있다. "상상력은 전체 피조물을 분해(décompose)한다. 심원한 영혼의 내부에서 생겨난 법칙들에 따라서 상상력은 (분해의 결과로서 생겨난) 부분들을 수집하고 분류해서 그로부터 하나의 새로운 세계를 창출하는 것이다"(보들레르 전집, 773쪽). 이것은 현대 미학의 근본 명제다. 예술적 행위의 출발점에 해체, 즉 파괴의 과정을 두는 보들레르는 유사한 취지의 편지 구절에서 '분리'라는 말을 추가함으로써 '해체'의 개념을 더욱 강조하고 있다. 감각적으로 인지 가능한 실재를 부분으로 해체하고 분해하는 것이 다름 아닌 데포르마시옹이다. 보들레르는 이 개념을 빈번하게 사용하며 그때마다 긍정적인 의미를 부여한다. 데포르마시옹에서는 정신의 힘이 주도적으로 작용하며, 그 결과 생겨난 생산물은 원래의 형상보다 더 높은 지위를 획득한다. 이러한 파괴를 통해서 성립된 '새로운 세계'는 이제 현실적으로 질서 지어진 세계일 수가 없다. 그것은 더 이상 규범적인 현실의 질서에 의해서 통제되려고 하지 않는 비실재적인 형상체다.

상상력 개념의 특유한 예리함은 그가 단순한 모사 방식

에 대립적인 입장을 취하는 데에서 명백해진다. 당시 생겨나기 시작한 사진술에 대한 보들레르의 저항은 이러한 점에서 이해할 수 있다. 예술적인 감성은 과학적인 세계 분석을 세계 협착과 비밀의 상실로 느꼈기 때문에 상상력의 극단적인 권력 신장으로 거기에 답했던 것이다. 보들레르 사후 20년 동안 '상징주의'도 비밀 상실에 대해 동일한 방식으로 대응한다.

보들레르에 투영된 이러한 과정은 현재까지도 간과할 수 없는 중요성을 지닌다. 한 대화에서 보들레르는 다음과 같이 말했다. "나는 붉게 칠한 풀밭, 푸르게 채색한 나무들을 좋아한다." 이어서 랭보가 그러한 풀밭을 시로 쓰게 되며, 20세기 화가들은 그림으로 그리게 된다. 창작적인 상상력에서 생겨난 예술에 대해 보들레르는 초자연주의(surna-turalisme)라는 이름을 붙인다. 이것은 사물을 선, 색채, 운동, 독자적으로 형성되는 우연으로 탈사물화시키고 또한 사물의 실재성을 은밀하게 지워버리는 '마법의 빛'을 사물 위로 비추는 예술을 의미한다. 1917년 아폴리네르는 초자연주의로부터 초현실주의 개념을 끌어내는데, 이는 보들레르가 의도했던 바를 더욱 진척시켰다는 점에서 정당한 것이었다.

추상과 아라베스크

보들레르의 또 다른 문장에서는 상상력과 지성이 결합되어 있다. 1856년 한 편지에서 그는 "시인은 최고도의 지성이며, 상상력은 모든 능력 중에서 가장 과학적인 것이다"라고 말한다. 이 문장에 포함된 역설은 오늘날의 기준에서 보아도 당시에 못지않게 역설적으로 들릴 것이다. 그 역설은 과학에 의해 탈신비화되고 기술화된 세계에서 벗어나 비실재성 속으로 들어가 버린 그 시가 비실재성을 창출하면서 현실을 협소하고 진부하게 만들어버렸던 바로 그러한 엄밀성과 지성을 요구하고 있다는 데에 있다.

수미일관되게 그는 이러한 범주에 포함되는 새로운 개념인 추상에로 나아간다. 슐레겔과 노발리스는 상상력의 본질 규정에 있어서 이미 이 개념을 적용시켰는데, 그것은 상상력이 비실재적인 것의 창출 능력으로 이해되었기 때문에 당연한 것이었다. 보들레르에게 있어서 '추상적'이라는 말은, '비자연적'이라는 의미에서, 무엇보다도 '정신적'이라는 말과 통한다. 추상적인 시와 예술에 대한 여타의 단서도 이 점을 염두에 두면 그 의미가 명백히 드러난다. 구체적 대상에서 해방된 이러한 운동을 보들레르는 '아라베스크'라고 부르는데, 이것 또한 미래적인 개념이다. "아라베스크는 모든

그림 중에서 가장 정신적인 것이다"(보들레르 전집, 1192
쪽). 그로테스크와 아라베스크는 노발리스와 고티에, 포에
의해서 서로 연관을 맺게 되었으며, 보들레르는 그것들을
더욱 밀접하게 연결시킨다. 그의 미학 체계에서 그로테스
크, 아라베스크, 상상력은 함께 엮어진다. 마지막의 것은 추
상적인, 다시 말하면 사물성을 벗어난 자유로운 정신의 운
동 능력이며, 앞의 둘은 이러한 능력의 생산물이다.

요컨대 불협화의 미, 심정을 시의 주체로부터 배제시킴,
비규범적 의식 상태, 공허한 이상성, 탈사물화, 언어의 마술
적인 힘과 절대적인 상상력에서 생겨나서 수학의 추상성과
음악의 운동 곡선에 접근하고 있는 비밀성, 이런 것들에 의
해서 보들레르는 미래의 시에서 실현될 가능성을 예비했다.

이러한 미래적 경향들은 낭만주의로부터 낙인이 찍혀버
린 자에 의해서 개척되었다. 낭만적 유희로부터 그는 비낭만
적인 진지함을 만들어냈으며, 그의 스승들의 변두리 착상들
로부터 그 전면(前面)이 그들과 다른 방향을 향하고 있는 사
고의 건축물을 건립했다. 그러므로 우리는 보들레르의 후계
자들의 시를 '탈낭만화한' 낭만주의라고 부를 수 있는 것이다.

제3장
랭보

서론

37년간의 생애, 소년의 나이에 시작해서 4년 후에 중단되는 창작 활동, 나머지 생애에서 문학적으로 완벽한 침묵, 근동 지역과 중앙 아프리카를 누비고 다녔던 파란만장한 주유천하, 그동안 식민지 군대, 석수장이, 수출 기업, 심지어 에티오피아 왕을 위한 무기 판매업, 그리고 여태껏 탐험되지 않았던 아프리카 지역들에 관하여 지리학회에 보내는 보고문을 작성하는 등 다양한 직업에 종사했던 것, 시작한 지 2년 만에 원래의 출발점뿐만 아니라 이후 이루어질 문학적 전통마저 돌파해 버리고 오늘날까지 현대시의 원조로 남아 있는 언어를 창조한 그 짧은 창작 기간 동안의 광적인 발전 속도, 이것이 인간 랭보의 대략적인 프로필이다.

적은 분량에 지나지 않지만 그의 강렬한 개성에 상응하는 랭보의 작품을 가장 잘 나타내는 핵심어는 '폭발'이라고 할 수 있다. 그의 작품은 정격(正格) 시구로 시작해서 탈격(脫格) 자유 시구로 넘어가며 거기에서 <일뤼미나시옹>

(1872~1873)과 ≪지옥에서 보낸 한 철≫(1873) 같은 불규칙적 리듬을 가진 산문시들로 이르게 된다. 선구자들에 의해 예비되었던바, 시 형식들에 대한 랭보의 이러한 무차별적 태도는 소재와 형식 모두를 임의적인 매개물로써 사용하는 역동적인 시를 위해서였다. 그러므로 랭보의 작품을 운문과 산문으로 구분하는 것은 의미가 없다. 오히려 다른 분류 방식이 더 합당할 것이다. 이를테면 1871년 중반까지 사용되었던 작시법을 첫 번째 시기로, 그리고 그 이후의 모호하고 비의(秘儀)적인 작시법을 두 번째 시기로 분류할 수 있다.

랭보의 시는 무엇보다 보들레르의 저 이론적인 구상의 실현으로 볼 수 있다. 그러나 랭보의 시는 철저하게 달라진 모습을 보여준다. 해명할 수 없긴 하나 질서 정연하고 엄격한 형식에 따라 진술되었던 ≪악의 꽃≫의 긴장들이 여기에서는 절대적인 불협화가 된다. 테마는 서로 간에 간혹 막연하게 연관될 뿐, 과도할 정도로 많은 단절을 드러낸 채 대개는 혼란스럽게 뒤섞여 있다. 이러한 작시법의 핵심은 테마와는 거의 상관없는 끓어오르는 흥분이다. 1871년 이래로 그의 시는 구체적으로 포착할 수 있는 어떠한 의미도 제시하지 않고, 파편들, 단절된 선, 극히 감각적이긴 하지만 비실재적인 형상을 보여주는데, 이러한 모든 것은 혼돈이 저 통일, 의미 초월적이며 모든 불협화음과 화음을 두루 포괄

76

하는 음향의 통일 속에서 진동하도록 하기 위한 것이었다. 시의 창작 행위는 점차적으로 내용의 진술에서 전제적인 관점으로, 따라서 비일상적인 진술 기법으로 이행한다.

방향 상실

클로델(P. Claudel)은 <일뤼미나시옹>을 처음 읽은 소감에 대해서 언급하면서 다음과 같이 말한다. "마침내 나는 텐, 르낭의 역겨운 세계, 완고하기만 할 뿐 아니라 인식할 수도 가르칠 수도 있는 법칙에 따라 좌우되는 저 섬뜩한 기계로부터 탈출했습니다. 그것은 초자연성의 계시였습니다." 극단적으로 과학적인 사고가 지배하는 설명 가능한 세계에서 벗어나 극히 신비스러운 상상력의 세계로 몰입하는 이러한 모호한 시는 같은 방식으로 탈주하도록 독자를 도와주는 사명을 실현할 수 있다.

랭보의 시들은 가혹한 타격으로 훼손되었을 뿐만 아니라 또한 극도로 마술적인 음률을 자아내는 언어로 이루어진 만큼 더욱더 갈피를 잡지 못하게 한다. 랭보는 때로는 초지상적인 축복 속에서 거닐고 있는 것처럼, 때로는 황홀경에 빠져 빛을 발하면서 저 너머의 세계로부터 도래한 것처럼 보이기도 한다. 그래서 지드(A. Gide)는 그를 '타오르는 가시 덤불'이라고 불렀던 것이다. 그는 어떤 사람들에게는 천사가 되기도 하는데, 말라르메 같은 이는 그를 '유배된 천사'라고 부르기도 했다. 그의 불협화적인 작품은 지극히 모순적인 평가들을 초래했던 것이다. 그것들은 위대한 시인으로 격상시킨 것에서부터 과도한 평가 때문에 전설에 싸이게 된 방황하는 사춘기 소년에 지나지 않는다는 평가절하에 이르기까지 그 사이에서 진동한다. 이러한 평가들이야 어떻든 간에 우리가 그것들로부터 내릴 수 있는 결론은 유성처럼 나타났다가 사라져버렸지만 시의 하늘에 여전히 그 불꽃의 흔적을 남기고 있는 랭보라는 현상을 부정할 수 없다는 사실이다.

견자(見者)의 편지: 공허한 초월, 비규범성의 추구, 불협화의 '음악'

1871년 랭보는 미래시의 강령을 구상하고 있는 두 통의 편지를 보낸다. 편지는 주로 견자(voyant) 개념을 언급하고 있기 때문에 이후 견자의 편지라고 불리게 되었다.

시인에게 견자의 지위를 요구하는 것은 물론 새삼스러운

일은 아니다. 그러한 사상의 원천 중의 하나는 그리스인에게서 비롯되었으며, 르네상스의 플라톤주의가 그 사상을 다시 천착했다. 그리고 그것이 랭보에게 전달된 것은 시인의 광기에 대해 논하고 있는 플라톤으로부터 두 구절을 인용하여 자신의 평론에 포함시키고 있는 몽테뉴를 통해서였다. 랭보는 이미 학생 시절에 몽테뉴의 그 단원을 암기하고 있었다. 견자 시인은 무엇을 보는가, 그리고 그는 어떻게 견자 시인이 되는가? 이에 대한 대답은 정말 비그리스적인 동시에 매우 현대적이다.

시의 목표는 '미지의 것으로 도달함'이며, 달리 표현하자면 '불가시적인 것을 보고, 들을 수 없는 것을 들음'이다. 그는 인식해야 할 목표에 대해 부정적으로 표기한다. 그러므로 비일상성, 그리고 비현실성, 전혀 다른 것 등으로 표기되기는 하지만, 그 실질적인 내용은 채워지지는 않는 것이다. 그의 시들의 현실을 넘어서는 폭발적인 돌진은 본질적으로 이러한 폭발적인 욕구 자체의 방출이며, '미지의 것'은 랭보에게 있어서 내용 없는 긴장의 극으로 남는다. 시적 직관은 의도적으로 파괴시켜 버린 현실을 꿰뚫고 공허한 비밀을 들여다보는 것이다.

이러한 직관의 주체는 무엇인가? 이에 대한 랭보의 대답은 유명한 문장이 되었다. "왜냐하면 '자아'는 일종의 타자다. 금속판이 트럼펫으로 깨어난다면, 그것은 금속판의 탓은 아니다. 나는 나의 사고가 개화할 때에 거기 참석해서, 나의 사고를 바라보며, 귀를 기울인다. 내가 현악기의 활을 퉁기면, 이미 심연에서는 교향악이 일어나고 있다. 나는 생각한다, 라고 말하는 것은 잘못이다. 나는 생각되었노라고 말하는 것이 마땅하다." 그러므로 유능한 주체는 경험적 자아가 아니다. 다른 힘들, 아래로부터 올라오는 초개인적인 성격의, 그러나 강제적인 조작력을 가진 힘들이 자아의 자리로 들어선다. 이러한 힘들만이 '미지의 것'을 직관하기에 적합한 기관이다. 그러므로 자아는 밑으로 침강하고, 집단적 심층, 즉 우주혼에 의해 그 힘을 상실한다. 이제 우리는 현대시가 시작되는 문턱에 서 있는 셈인데, 이것은 진부한 세계 소재로부터는 더 이상 얻을 수 없는 것이며, 무의식의 혼돈에 내맡기는 새로운 경험이다. 20세기의 초현실주의자들이 랭보를 그들의 선구자 중의 한 사람으로 지목하는 것은 이 때문이다.

　미지의 것을 직관하는 자인 시인은 '위대한 병자, 위대한 범죄자, 위대한 추방자, 그리고 모든 지자 중에서 가장 지고한 자'가 된다. 그러므로 비규범성은, 이전에 루소의 경우에 그랬던 것처럼, 단순히 인내해야 할 운명이 아니라 의도적으로 국외자가 되는 것이다. 이제 의도적으로 정신적인 형상체를 일그러뜨림이 시의 필수적인 전제 조건이 된다. 왜 냐하면 이러한 일그러뜨림에 의해서 초개성적인 심층 및 공허한 초월로의 맹목적인 돌파가 가능해지기 때문이다. 우리의 시인은 뮤즈로부터 신의 강림을 통보받았던 저 그리스의 신들린 예언자와는 전혀 판이하다. 그의 시가 사물이나 존재로 하여금 울리게 하는 곳에서는 언제나 노래와 가요 속에 깊숙하게 가로질러 파고드는 외침과 울부짖음, 즉 불협화의 음악이 생겨난다.

다시 앞의 편지들로 되돌아가 보자. 아름다운 문장이 울린다. "시인은 그 시대의 만유혼 속에서 움직이는 미지의 것을 척도로 정의한다." 그 직후에 비규범성에 대한 강령적인 선포가 뒤따른다. "시인은 규범으로 되고 있는 비규범성이다." 이러한 선포의 정점은 다음과 같다. "시인은 미지의 것에 도달한다. 비록 자기 자신의 환영들을 끝내 이해하지 못하는 경우라 할지라도 시인은 그것들을 직관했다. 시인은 전대미문의, 그리고 이름 붙일 수 없는 사물들을 통한 거대한 비약의 과정에서 파멸해도 좋다. 왜냐하면 다른 무시무시한 일꾼들이 나타나서 그 자신이 좌초해 버린 저 지평에서 다시 시작하기 때문이다."

전통과의 단절

전래의 문학적 자산을 랭보는 과도하게 가열하거나 혹은 과도하게 냉각시킴으로써 완전히 다른 실체로 변형시켜 버렸다. 그러므로 다른 작가와의 영향 관계에 의해서는 랭보 고유의 특성이 조금도 드러나지 않는다. 랭보의 특성은 그가 읽은 작품에 가하는 강력한 변형, 그리고 전통과의 단절을 원하면서 전통에 대한 증오를 강화시키는 그의 태도에서 찾아볼 수 있다. "선조들은 저주한다"라고 그의 두 번째 견자의 편지는 말하고 있다. 루브르 박물관을 조롱하거나 국립도서관을 불살라 버리자고 호소하는 그의 발언도 전해져 온다.

독자와 시대로부터의 과격한 분리가 철저하게 시행되어 과거로부터의 분리라는 결과가 초래된다. 그 원인은 개인적인 것이 아니라 시대사적인 것이다. 진정한 연속 의식의 소멸, 그리고 그 대신 나타난 역사주의와 박물관적인 수집으로 무거운 짐을 지게 된 과거는 19세기의 몇몇 정신적 지도자들에게 반대 방향의 힘을 부여함으로써 모든 과거를 청산토록 했다. 이것은 이후 현대 예술과 시의 지속적인 징후가 된다.

학생 시절의 랭보는 유능한 인문주의자였다. 그의 시구에는 고대가 희화화되어 언급된다. 신화는 비천한 것과의 결합에 의해 품위를 상실한다. <교외의 바쿠스 무당들>에서 비너스가 일꾼들에게 화주를 가져다주는 한편, 어느 대도시에서는 사슴들이 디아나의 젖꼭지를 빤다. 빅토르 위고가 중세의 익살극에서 찾아낸 그로테스크는, 도미에의 경우에서와 마찬가지로 고대의 신들의 세계를 넘어서까지 확장된다. 소네트 <물에서 태어나는 비너스>에서는 추의 기법이 과격하게 적용되고 있다. 제목은 바다 거품으로부터 아프로디테(비너스)의 탄생이라는 그림처럼 아름다운 신화 중의 하나를 가리키고 있다. 그러나 내용은 기괴한 긴장을 자아낸다. 초록색의 금속판 욕조로부터 생기 없는 목덜미와 붉게 물든 척추를 가진 뚱뚱한 여자의 몸통이 솟아오른다. 사람들은 여기에서 당대에 유행했던 특정 시들에 대한 패러디를 보려고 했다. 공격은 신화 자체, 일체의 전통, 미를 향하고 있고, 데포르마시옹 욕구의 방출을 위한 공격이다.

현대성과 도회시

이와 같은 문구들은 현대성에 대한 랭보의 태도를 보여준다. 그것은 보들레르의 경우와 같이 이중적이다. 물질적인 진보와 과학적인 계몽이란 점에서는 현대성에 대해 적대적인 입장을 취하며, 그 가혹함과 암흑성이 차갑고 '어두운' 시를 쓰도록 요구하는 새로운 경험을 주는 한에 있어서는 현대성을 수용한다. 여기에서 랭보의 도회시가 생겨난다. <일뤼미나시옹>이 그 본보기다. 압도적인 힘으로 넘치는 도회시는 보들레르의 꿈의 도시를 시공을 초월한 영역으로 몰아간다. 도시 혹은 도시들이라는 제목이 붙은 시들이 가장 좋은 작품에 속한다(랭보 전집, 180쪽 이하).[2] 이 시들은 모든 시대를 뛰어넘고, 모든 공간 질서를 전도시키면서 상상력의 도시, 미래의 도시들을 만들어낸다. 집단적인 것이 운동하고 소리 내며 울부짖고, 사물성과 비사물성이 서로 뒤섞이며, 알프스 산중의 수정 오두막과 구리 종려 사이에서, 협곡과 심연 위에서 '신격화의 붕괴'가 일어나며, 인공 정원들, 인공의 바다, 직경 1만 5000피트의 둥근 강철제 교회 지붕, 거대한 샹들리에, 너무 높이 건축되어서 아래쪽 도시가 더 이상 보이지 않는 상층 도시.

---

2) Rimbaud, A., ≪oeuvres complètes≫(Éd. A. Rolland de Renéville et J. Mouque, Bibliothéque de la Pléiade, 3. Auflage, Paris, 1954). 이하 '랭보 전집'으로 약칭한다.

기독교 유산의 강요에 대한 저항: ≪지옥에서 보낸 한 철≫

이제 랭보의 기독교 신앙에 대한 문제로 넘어가 보자. 그의 시는 반란을 시도하긴 하지만 결국 기독교 유산의 강요로부터 벗어날 수 없음에서 오는 고통으로 끝난다는 것을 보여준다. 랭보의 저항은 자신이 맞서고 있는 바로 그 힘에 의하여 지배당하고 마는 역설적인 것이다. 자신도 그 점을 알고 있었다. ≪지옥에서 보낸 한 철≫에는 그러한 자각이 표현되어 있다. 그러나 기독교에 대한 끊임없는 분노는 더욱 고통스럽고 예민하게 자각되다가 마침내 침묵 속에서 중단되고 만다. 그것은 시대의 유산 전체에 대한 그의 저항의 한 부분이며, 또한 '미지의 것'에 대한 정열, 그리고 기존의 것을 파괴함으로써만 보여줄 수 있는 저 공허한 초월을 향한 정열의 한 부분이다.

1872년으로 추정되는 시기에 그는 '베데스다, 다섯 행각의 못'이라는 말로 시작되는 산문시를 썼다. 이 시의 토대를 이루는 것은 베데스다 호숫가에서 그리스도가 한 환자를 치료한 사건에 대한 요한복음의 기록이다. 그러나 랭보는 이 기록을 완전히 변형시켜 버린다. 불구자들은 누런 물속으로 들어가지만, 어떤 천사도 내려오지 않고, 누구도 그들을 치료해 주지 않는다. 그리스도는 한 기둥에 기대서서 목욕하는 자들을 무기력하게 바라보고 있고, 사탄은 그들의 얼굴을 통해 그리스도에게 인상을 찡그리며 씩 웃는다. 그때 한 사람이 일어나서 침착한 걸음걸이로 도시 쪽을 향한다. 누가 그를 치료했는가? 그리스도는 아무 말도 하지 않았고 중풍 환자들에게 시선을 보내지도 않았다. 그렇다면 혹시 사탄이? 시는 거기에 대해서 침묵하며 그리스도를 단지 공간적으로 환자 곁에 위치시키는 것으로 만족한다. 바로 여기에서 어렴풋한 예감이 떠오른다. 치료한 자는 그리스도가 아니며 또한 사탄도 아니다. 어디에 사는지, 그리고 누구인지 아무도 모르는 어떤 힘, 즉 공허한 초월이 그 주인공이다.

여기에서 ≪지옥에서 보낸 한 철≫에 잠시 주목할 필요가 있다. 왜냐하면 기독교에 대한 랭보의 마지막 발언이 거기에 포함되어 있기 때문이다. 랭보는 이 작품을 악마에게 헌정된 '저주받은 내 일기장의 추악한 종잇조각들'이라고 부른다. "이교도의 피가 끓어오른다, 복음은 지나가 버리고, 나는 유럽을 떠나, 떠돌며, 풀을 뜯고, 사냥하며, 끓어오르는 금속처럼 독한 즙을 마시리라, 구원받은 자여." 그러나 이런 문장 사이에 "나는 열망으로 신을 기다리노라"라는 구절이 나오며, 또 몇 페이지 후에 다시 "나는 결코 기독교 신자가 아니었다, 고통 속에서 노래했던 그런 종족에 속했을 뿐"이라고 말한다. 그는 '저주받은 희열'을 소리쳐 부르나,

그들은 오지 않는다. 그리스도도 사탄도 오지 않는다. 그러나 그는 그들의 족쇄를 어렴풋이 감지한다. "나는 지옥을 안다. 그러므로 나는 그 안에 있는 것이다." 지옥은 다름 아닌 교리 문답서의 지배하에 있는 노예 상태다. 이교도들에게는 지옥이 없다. 그러므로 이단의 종교도 그를 거부한다.

≪지옥에서 보낸 한 철≫의 두 번째 주요 테마는 대륙을 떠나는 것이다. 그리스도의 탄생과 함께 속물이 탄생되었다는 사실을 깨닫지 못하면서, '명백한 증거를 찾으려' 하는 '서구의 수렁', 서구 세계의 어리석음으로부터의 탈출. 이 테마는 점차적으로 지그재그 선에서 벗어나 일정한 방향으로 나아가서 가을, 겨울, 밤, 그리고 의도적인 추방의 세계로 들어간다. '내 머리칼과 내 겨드랑이와 내 가슴속의 벌레들.' 완전한 연소 후에 '주름진 현실을 감싸 안고', 유럽을 떠나 혹독한 실행의 삶을 시작하리라는 결단을 내린다.

랭보는 이러한 결심을 실행했다. 그는 해명할 수 없는 정신적 실존의 긴장 앞에서 항복한다. 모든 것으로부터 가장 멀리 떨어져 나가 미지의 세계로 들어갔던 시인은 그 미지의 세계의 정체를 명료하게 인식할 수 없었다. 그는 되돌아온다. 그리고 그 자신이 폭파시켜 버렸던 세계 앞에 침묵하면서, 내면의 죽음을 감내한다.

요컨대 현실과 상속에 불을 붙여 폭파시킴으로써 랭보는

기독교마저도 찢어놓았던 것이다. 보들레르는 저주 가운데서도 체계를 만들 수 있었다. 그러나 랭보에게 있어서 저주는 혼돈이 되었고, 마침내는 침묵이 되었다.

인공적 자아: 탈인간화

랭보의 시에서 말을 하는 자아는, ≪악의 꽃≫의 자아와는 달리, 작가의 인격으로 해석될 수는 없다. 불협화적인 다성음 속에서 드러나는 랭보의 자아는 앞에서 언급했던 저 조작적인 자기 변신, 요컨대 그의 시의 형상 내용들이 거기에서 생겨나는 바로 그 상상적 문체의 산물이다. 이 자아는 어떤 가면도 쓸 수 있으며, 모든 존재 방식, 시대와 민족들로 확대될 수도 있다. 랭보가 ≪지옥에서 보낸 한 철≫의 서두에서 그의 갈리아 조상들에 대해서 말을 할 때 그것은 액면 그대로 받아들여도 무방하다. 그러나 몇 문장 후에 다음과 같은 말이 이어진다. "나는 도처에서 살아왔다. 내가 모르는 가족은 없다. 나의 머릿속에는 슈바벤 평원의 거리들, 비잔틴의 전경들, 예루살렘의 누벽들이 들어 있다."

랭보와 함께 경험적 자아로부터의 시적 주체의 비규범적 분리가 시작되었다. 이러한 분리는 오늘날 에즈라 파운드,

생존 페르스에게서 다시 발견되며, 이에 의해서만 현대시를 전기적인 진술로 이해하려는 시도를 저지할 수 있을 것이다.

랭보도 자신의 정신적 운명을 현대성의 초개인적 상황으로부터 해석한다. 전언되는 바에 의하면 랭보는 "나의 우월성은 어떠한 감정도 가지고 있지 않다는 데에 있다"라고 말한다. 낭만주의 시의 '느끼는 감정들'은 그에게 역겨움을 준다.

시 자체가 탈인간화된다. 아무에게도 말을 건네지 않고 독백하면서, 청자들의 주목을 끌 한 마디 말도 없이, 시는 그것을 담아줄 어떠한 그릇도 존재하지 않는, 더군다나 상상적으로 구성된 자아조차도 그 주체가 없는 진술 앞에서 비켜가 버리는 목소리로 말하는 것처럼 보인다. 그러므로 불안조차도 더 이상 친숙한 얼굴을 가지고 있지 않다. 도대체 불안이란 존재하기라도 하는가? 인간이 인지하는 것은 희망, 추락, 환희, 찡그림, 의문 등 잡다한 것으로 혼재된 고정할 수 없는 긴장체로서, 모든 것은 신속하게 언급되었다가 다시 신속하게 사라진다.

< 취한 배 >

이제 랭보의 시 중 가장 널리 알려진 < 취한 배 >(1879)를 보기로 하자. 시 속에 나타나는 이국의 바다와 지방은 그가 가보지 않은 곳이다. 시는 그 어떠한 실제 사실과도 연관을 갖지 않는다. 강력하게 작용하는 상상력은 드넓게 소용돌이 치며 확장되는 비실재적인 공간들의 열광에 찬 환영을 만들어낸다. 사람들은 이 시를 ≪세기의 전설≫에 수록된 빅토르 위고의 < 충일한 하늘(Plein Ciel) > 과 비교했다. 양편의 시에 하늘로 부딪치는 배가 등장한다. 빅토르 위고의 시의 형상은 진보와 행복을 향한 진부한 열정을 묘사하는 역할을 한다. 그러나 < 취한 배 >는 고독한 난파자의 파괴적인 자유 속으로 흘러 들어간다. 이 시의 역동적인 구성은 랭보 자신을 제외한 어떤 선구자에게도 불가능했다. 이것은 이미 < 오필리에 >에서 보았던 것처럼 무한자를 통한 유한자의 강조를 극단적으로, 그러나 일관성 있게 심화시킨 것이다.

사건의 진행자는 한 척의 배다. 말은 하고 있지 않지만 명백한 사실은 사건의 경과가 동시에 시의 주체의 진행 과정을 의미한다는 것이다. 형상 내용들에는 매우 격렬한 힘이 부여되어 있어서 배와 인간 사이의 상징적인 동일화는 전체의 운동 과정을 고려할 때만 인지 가능하다. 유동적인 내용들 자체는 가시적이며 분명히 구분되는 개별성을 유지한다. 그리고 형상들이 더욱 낯설고 비실재적이 될수록, 그 언어는 더욱 구체적이 된다. 이것은 텍스트를 철저하게 절대적인 은유로 구축함으로써 상징화된 자아가 아니라, 오직 배로 하여금 말하도록 하는 시적인 기법에 힘입고 있다.

모든 고정적인 것은 신속하게 용해되어 버린다. 온갖 육지들 곁을 지나가는 표류의 와중에서 난파하는 배는 폭풍우의 바다 위에서, 초록의 밤들, 부패, 위험, 죽음의 표지, 그리고 '푸르스름한 가인(歌人)의 인불' 아래서 춤을 추고, 붉은 벽의 하늘에 구멍을 내면서 새들도 날지 않는 에테르 속으로 내던져지듯 힘차게 올라간다. 마침내 유럽에의 향수라는 전환점이 나타날 때까지. 그러나 향수는 어떠한 고향으로도 데려가지 않는다.

그러나 이러한 혼돈에도 분절은 있다. 여기에서도 운동의 방향은 유동하는 내용들보다 중요하다. 형상이 임의적이고 일관성 없이 등장하더라도 시의 역동성에는 변함이 없다. 왜냐하면 형상은 자율적인 운동의 그릇에 불과하기 때문이다. 이러한 자율적인 운동은 세 동작으로 진행된다. 밀침과 저항, 초자연적인 것에로의 진입, 절멸의 정적 속으로 가라앉음. 이것은 <취한 배>뿐만 아니라 랭보의 시 작품 전체의 운동 구조를 형성한다. 많은 부분들에 나타나는 내용상의 혼돈은 시를 해석 불가능하게 한다. 그러나 그 운동 구조로 파고들면 해석이 가능해진다. 그러므로 그러한 시가 점차적으로 추상화된다는 것은 당연한 현상이다. 여기에서 추상성의 개념은 직관 불가능, 비구상성의 의미에 제한되지 않는다. 그것은 오히려 자족적이고 순수한 언어 역동성이며, 그 사용 과정에서 내용들에 내포된 현실 연관성을 이해할 수 없을 정도로 파괴하든가 아니면 아예 생겨나지 않도록 하는 시구, 시연, 문장들에 해당한다. 이는 현대시의 커다란 부분, 특히 랭보의 유형과 유사한 시들에 적용될 수 있다.

파괴된 현실성

그의 마지막 시에서 랭보는 친구 베를렌으로 하여금 말하게 한다. "얼마나 많은 밤을 나는 그의 잠든 몸뚱이 옆에서 깨어 있었던가, 그(랭보)가 그토록 간절하게 현실로부터 탈주하려고 한 이유를 알아내기 위해"(랭보 전집, 216쪽). 베를렌의 입을 빌어서 랭보 자신의 심정을 토로하고 있는 것이다. 그 스스로는 자신의 탈주 이유를 설명할 수 없다. 그러나 그의 작품은 현실에 대한 태도와 '미지의 것'에 대한 열정 사이의 전적으로 설명 가능한 상관관계를 우리에게 보여준다. 종교적으로, 철학적으로, 신화적으로는 더 이상 해명할 수 없는 '미지의 것'은 그 공허함 때문에 오히려 현실에 충격을 가하는— 보들레르의 경우보다 더욱 강력한— 긴장의 극이다. 현실은 그 불충분성으로 인해 공허한 초월과 대비되어 경험되기 때문에, 초월에의 열정은 현실성에 대한 무목적적인 파괴를 향하게 된다. 이러한 파괴된 현실성은 이제 현실 전체의 불충분성과 아울러 '미지의 것'에로의 도달 불가능성에 대한 혼돈의 표지가 된다. 우리는 이러한 것을 현대성의 변증법으로 불러도 무방하리라. 이 변증법은 랭보를 훨씬 넘어서서 유럽의 문학과 예술을 규정한다. "나에게 있어서 하나의 그림이란 파괴의 총합이다"라고 이후 파블로 피카소가 말한 바 있다.

보들레르의 말 중에서 "상상력의 초보적 행위는 '해체'다"라는 문장을 기억해 보자. 이미 보들레르가 '탈형상화'를 그 개념 범주에 포함시켰던 이러한 해체는 랭보에 의해서 시 창작의 실제적인 작업 방식이 되었다. 현실이란 것이 도대체 존재한다면, 혹은 우리가 인식의 필요상 시를 현실에 의하여 판단한다면, 그것은 언제나 비실재로의 이행이라는 테두리 내에서의 확장, 탈조직화, 추화, 대조의 긴장을 경험하게 된다. 랭보 시의 구체적 세계의 시원 원소들에는 물과 바람이 포함된다. 이 원소들은 초기시들에서는 통제되어 있었

으나, 나중에는 노호와 폭풍우, 대홍수의 무시무시한 힘이
되어 솟아오르고, 이 와중에서 시간과 공간의 질서들은 파
괴되며, "평원, 황야, 수평선은 뇌우의 붉은 옷이 되는 것이
다"(랭보 전집, 124쪽).

추화(醜化)

미와 추는 대립적인 가치들이 아니라 자극의 변이체들이다.
이들 사이의 객관적 차이는 진실과 허위의 차이처럼 제거된
다. 미와 추의 밀접한 접근은 모든 요소들을 좌우하는 대비
의 역동성을 산출한다. 이러한 대비의 역동성은 그러나 추
자체로부터도 산출될 수 있었다.

이전의 문학작품에 있어서 추는 주로 도덕적인 열등함을
익살스럽게 혹은 논쟁적으로 나타낸 표지였다. ≪일리아
스≫의 테르지테스, 단테의 인페르노, 그리고 무례한 인간
들을 추하게 표현했던 전성기 중세의 궁정문학을 생각해 보
라. 악마는 추악한 모습으로 나타났다. 이미 18세기 후반에,
그리고 노발리스에게서, 이후에는 보들레르에게 있어서 추
는 '흥미로운 것'으로 용인되며, 집중과 풍부한 표현력을 필
요로 하는 예술 의지에 부응한다. 이제 랭보에게 와서 추는

감각적 실재를 격렬하게 탈형상화시키는 구체적 에너지원으로서의 임무를 가지게 된다. 내용보다는 초감각적인 긴장 관계를 그 대상으로 삼는 시는 추를 필요로 한다. 왜냐하면 추는 자연적인 미감에 대한 도발로서 텍스트와 독자 사이에 존재해야 하는 충격 기법을 가능하게 하기 때문이다.

추의 역할은 명백하다. 시적인 추는 파괴 속에서 공허에로의 탈주, 즉 초현실 속으로의 탈주를 감지하기 위하여 모든 현실을 일그러뜨리듯이 일상적인 추마저도 일그러뜨리는 것이다.

전제적 상상력

전제적 상상력은 인지하고 묘사하는 방식으로가 아니라 무제한의 창조적인 자유로서 작용한다. 자신의 내용을 외부로부터 받아들이지 않고 스스로 창출하려는 주체의 명령에 따라 현실 세계는 조각이 난다. 파리 시절의 랭보가 한 발언이 다음과 같이 전해진다. "회화를 지고의 수준으로 끌어올리기 위해서는 그 오랜 관습인 모방을 추방해야만 한다. 대상을 복제하는 대신에 회화는 선, 색채, 그리고 외부 세계로부터 차입되었긴 하지만 단순화되고 제어된 윤곽들을 사용하여 자극들을 강제적으로 불러일으켜야 한다." 20세기 회화의 개념에 접근함에 있어서 이 발언이 참고가 되어왔는데 (1955년, 파리 피카소 전시회의 카탈로그), 이는 당연한 것이었다. 왜냐하면 사실상 랭보의 시와 마찬가지로 그의 이 발언은 구상성을 기준으로 해석되어서는 안 되는 현대 회화의 정신을 선취하고 있기 때문이다. 상상력에 관한 보들레르의 이론과 연관되었던 사색이 20세기 깊숙이 시와 예술 작품에 미친 영향이 어느 정도였는지는 어렵지 않게 인식할 수 있다.

루소, 포, 보들레르는 '창조적인 상상력'이란 말을 사용했는데, 그들은 이미 이 말의 무게중심을 창작적인 능력에 두었다. 그리고 이제 랭보가 이 말을 뿌리째 활성화시킨다. 그는 자신의 미학을 요약한 것과 같은 한 문장에서 '창조적인 충동'이라는 용어를 사용한다. "너의 기억과 너의 감각은 오직 너의 창조적인 충동을 위한 자양분이 되어야 한다. 그러나 네가 일단 떠나버렸던 세계로부터 무엇을 구할 수 있단 말인가? 분명한 것은 그 세계는 이제 조금도 원래의 모습을 갖고 있지 않다는 점이다"(랭보 전집, 200쪽). 예술적 충동은 일그러진 낯선 세계의 얼굴을 남긴다. 그것은 강제적 행위이고, 랭보의 말을 빌리면 잔인한 행위다.

전제적 상상력은 공간의 질서를 전도시킨다. 예를 들면

다음과 같은 것들이 있다. 마차들은 하늘 위에서 달린다. 호수의 바닥에 살롱이 있고, 드높은 산정에서 대양이 출렁거린다. 철도 레일들이 호텔을 통해서, 호텔 위로 달린다. 그러나 상상력은 또한 인간과 사물 사이의 정상적 관계도 전도시킨다.

< 일뤼미나시옹 >

이제 < 일뤼미나시옹 > 의 특징에 주목해 보자. 제목부터가 '염색'과 '조명'을 암시하는 등 특기할 만큼 다의적이다. 작품의 내용적 해석은 불가능하다. 수수께끼 같은 형상들과 사건들이 지나간다. 어조는 도취와 냉혹한 단절, 단조롭게 제기되는 반복과 근거 없는 말의 연결들로 교차되어 나타난다. 한 작품에 표제를 부여한다고 해서 이해가 수월해지는 경우는 드물다. 소재 선택은 회고와 전망, 증오와 변용, 예언과 단념 사이에서 혼란스럽게 오락가락한다. 시적인 자극은 무명의 인물들, 살인자들과 천사들이 살고 있는 별들로부터 무덤까지를 포괄하는 하나의 공간 속으로 흩뿌려진다. 에피루스, 일본, 아랍, 카르타고, 브루클린은 하나의 무대 위에서 서로 만난다. 그러나 이와는 정반대로 현실 속에서 함께 속했던 것들은 해체되어 상호 간의 연관성을 완전히 상실한다(예를 들면 <곳>). 세계 파괴가 작시법의 중심을 이루며, 이에 따라 무질서가 불가시적인 비밀의 구체적인 현현체가 된다. 시의 서두부터가 이미 동기 유발적인 이념이나 사실과는 먼 거리를 유지하기 때문에 시는 즉시에 다른 세계로부터 우연히 우리에게 주어진 파편 내지는 단편의 성격을 가지게 된다. <콩트>(랭보 전집, 191쪽)에서 보는 바와 같이 두서없이 이것저것이 언급된다. 한 영주가 ─ 도대체 이 자는 누구인가? ─ 여자들을 살해하고, 그들은 다시 나타난다. 그는 자신의 부하들을 죽이고, 그들은 그를 뒤따른다. "어떻게 우리는 파괴에서 환희를 맛보고, 잔인함에 의해서 젊어질 수 있는가!" 어떤 초지상적인 미의 천재가 그 영주와 만나며, 둘은 함께 죽는다. "그러나 영주는 그의 궁전에서 천수를 누리고 죽었다." 황홀경에 찬 살해와 죽음은 성공치 않는다. 피살자들은 살아 있고, 천재와 함께 죽은 그 자는 이후 천수를 다한 후에 죽음을 맞이한다. 파괴조차도 실패로 돌아가서, 보잘것없게 된다는 것이 이 시가 암시하는 바일지도 모른다. 그러나 이 '동화'의 가장 두드러진 특징은, 성공의 가능성이 없음을 알면서도 설화적인 규정을 수단으로 하여 부조리를 진술한다는 데에 있다. "우리의 그리움에는 귀에 익은 음악이 결여되어 있다"라고 일격을 가하면서 이 시는 끝난다.

<일뤼미나시옹>은 독자를 고려하지 않는 시다. 이 시는 이해되기를 원하지 않는다. 이것은 환각적 자기 방출의 뇌우이며, 기껏해야 위험에의 사랑의 진원지인 위험에 대한 저 두려움을 일깨우는 것으로 만족한다. 게다가 이 시는 자아가 없는 텍스트다. 왜냐하면 몇몇 작품에서 등장하는 자아는 견자의 편지에서 구상되었던 바의 저 인공적이고, 낯선 자아이기 때문이다. 물론 <일뤼미나시옹>은 그것을 쓴 시인이, 어느 문장이 말하듯, "다른 모든 선구자들과는 완전히 다른 업적을 남긴 창시자"(랭보 전집, 174쪽)임을 확인시켜 준다. 이 시는 절대화한 현대적 상상력의 최초의 위대한 기념비다.

독백시

1871년 이래로 랭보의 시는 점차로 독백이 된다. 산문 작품들의 몇몇 군데에 그러한 구상이 나타나 있다. 이것들을 그 최종 텍스트와 비교하면 랭보의 창작 방향이 어떻게 변화되었는가가 드러난다. 문장들은 서로 간에 더욱 밀착되고, 연결사들은 더욱 과감하게 생략되며, 기이한 단어군들은 더 빈번하게 나타난다. 당대의 보고들에 의하면, 그는 마음에 드는 한 구절을 쓰기 위해 여러 뭉치의 종이를 소모하곤 했으며, 콤마를 찍어야 할지, 형용사를 삭제해야 할지 망설였고, 진기한 단어들이나 케케묵은 단어들을 정성껏 모아두었다가 시를 쓸 때 이용하기도 했다. 이 모든 사실은 랭보가 명료성을 지상의 목표로 하는 고전주의 작가들과 같은 방식으로 작업했음을 입증한다. 그의 독백적인 모호함은 되는 대로 쏟아낸 배설물이 아니라 치밀한 계획에 따른 예술성의 산물이며, '미지'를 향한 채울 수 없는 열정으로 인해 기지의 것을 파헤치고 낯설게 만드는 방식만을 일관되게 고수하는 시의 산물이다. 랭보는 후기의 한 글에서 회고하며 "나는 표현 불가능한 것을 기록했고, 소용돌이를 움켜쥐었다"(랭보전집, 219쪽)라고 말한다. 그러나 몇 페이지 뒤에 "나는 더 이상 말할 수 없다"라는 말을 덧붙인다. 서로 배치되는 이 두 입장 사이에서 랭보의 모호한 시는 팽팽한 긴장을 유지한다. 아직 진술되지 않은 것의 모호함, 그리고 더 이상 진술할 수 없는 것의 모호함, 이 둘은 침묵의 경계선에 인접하고 있다.

그 누구를 위해서도 말하지 않는 자라면 그는 왜 시를 쓰는가? 이 질문에 답하기란 거의 불가능하다. 그러나 굳이 대답하자면, 그러한 시는 과학적인 계몽, 문명적, 기술적, 경제적 힘의 장치들이 자유를 조직화하고 집단화시킴으로써 자유의 본질을 죽여버린 역사적인 상황하에서 비규범적인 언술과 상상력의 독재를 통하여 정신의 자유를 구출하려는 극단적인 시도로서 이해될 수도 있을 것이다. 어떤 거주지에서도 안락함을 느끼지 않게 된 정신은 시 속에서 자기 자신의 유일한 거처와 작업장을 만들 수 있으며, 필경 그 때문에 시를 쓰게 되는 것이다.

최종적 평가

리비에르는 그의 랭보 연구서(오늘날까지 이를 넘어서는 연구서는 없다)에서 다음과 같이 말한다. "그가 남긴 업적의 본질은 우리로 하여금 지상에서의 체류를 불가능하게 만든 데 있다… 세계는 그 본래적인 혼돈 속으로 다시 가라앉고, 사물들은 스스로 아무런 유용성도 갖지 않았을 때 누릴 수 있었던 저 무시무시한 자유와 함께 다시 나타난다." 랭보의 위대함은 '미지의 것' 앞에서 좌절한 고로, '미지의 것'에 대신하여 불러냈던 혼돈을 불가사의한 완벽의 언어에로 전이시켜 예술적으로 극복한 데에 있다. 그는 보들레르처럼 용기 있게 미래를 예지하면서, 그 자신이 천명했던 바대로이며 또한 그의 세기의 운명이었던 '처절한 정신의 투쟁'을 수행했다.

세계와 자아를 동시에 탈형상화하는 그의 시가 스스로를 파괴하기 시작하는 경계에 도달했을 때, 이제 19세의 랭보는 지조 있게 침묵할 수밖에 없었다. 이 침묵 또한 시인 존재로서의 행위다. 종래의 시 '안'에서의 극단적인 자유는 이제 시'로부터'의 자유가 되었다. 랭보로부터 도움을 받기보다는 그릇된 방향으로 인도되었던 많은 후대인들은 요컨대 침묵이 상책이라는 사실을 배울 수도 있었을 터다. 그러나 현대적 정신의 언어화가 완전히 실현되지는 않았다는 사실을 그들의 작품으로 보여주는 시인들이 랭보의 뒤를 잇고 있다.

제4장
말라르메

서론

말라르메의 시는 그의 선행자들이나 동시대인들 그 누구의 시와도 비교될 수 없는 것처럼 보인다. 이 전대미문의 시는 정상적인 시민의 삶을 살았고, 많은 고통에도 불구하고 매우 관용적이었으며, 어떤 분열도 겉으로 드러내지 않은 채 자신의 성품에 대해 반어적으로 말할 수 있었던 인간에 의해 씌어졌다. 이러한 삶의 무풍 속에서 그의 정신은 그 추상성에 의하여 랭보의 소용돌이를 훨씬 넘어서는 시와 사색을 아주 서서히 진척시켰다. 말라르메의 시는 무엇보다도 그 모호함 때문에 널리 경원의 대상이 되었다. 그의 시는 오직 이 시인이 사용하는 언어에 의해서만 판독되어야 한다. 하지만 우리가 주목해야 할 점은 말라르메의 시 또한 그 개별적 부분들에 있어서는 낭만주의까지 거슬러 올라가며, 보들레르 이후 점차 확연하게 드러났던 시의 구조에 귀속된다는 사실이다.

　말라르메 시의 본성을 우리는 다음과 같이 규정할 수 있다. 감정 및 영감의 배제, 지적으로 통제되는 상상력, 현실성의 멸절 및 논리와 열정에 있어서의 규범적 질서의 파괴, 언어의 충동력 조절, 이해 가능성 대신에 암시, 문화의 종말기에 속한다는 의식, 현대성에 대한 두 갈래 입장, 인문주의 및 기독교 전통과의 단절, 탁월성의 표지로서의 고독, 시의 창작과 시에 대한 성찰을 동격화함.

우선 1870년경에 시작되는 그의 창작의 두 번째 단계에 주목하기로 한다. 나직하고 자연스럽게, 하지만 무심히 지나쳐버리지 못할 정도로 그의 시는 거의 텅 빈 공간 속에서 진동한다. 개개의 시들은 다수의 서로 중첩적인 의미층들을 가지며, 그 최종적 의미는 거의 포착할 수 없는 의미 속으로 흘러가 버린다. 말라르메는 예술적 상상력의 본질은 이상화시키는 모사가 아니라 현실의 탈형상화에 있다는 보들레르 이후 유포된 견해를 완성함으로써 그는 예술적 상상력에 존재론적 토대를 부여한다. 아울러 시의 모호함뿐만 아니라 협소한 이해로부터의 탈피와 관련해서도 그는 존재론적으로 입증한다. 왜냐하면 예술가 존재와 예술에 대한 성찰 사이의 통일은 이제 그가 절대적 존재(무와 동등한 위치에 있는)와 언어 사이의 관계에 대해 사색함으로써 드높은 단계에 도달하게 되었기 때문이다. 이러한 생각의 추이는 이론적으로 ≪여담(Divagations)≫ 및 몇몇 편지에 매우 신중하게 표현되어 있다. 하지만 그 본격적인 양상은 시에서 전개된다. 그렇다고 해서 그것이 교훈시로 오해되어서는 안 된다. 오히려 여기에서 시는 절대의 영역과 언어가 서로 만날 수 있는 유일한 장소이고자 하며, 이로써 시는 고대 이후로 한 번도 도달한 적이 없는 고지에 오른다. 물론 이 고지는 결코 행복의 장소가 아니다. 거기에는 진정한 초월도, 신들도 부재하기 때문이다.

그의 창작과 사색은 경험적인 세계에서 존재론적인 보편성으로의 방향이 아니라, 그 역으로 진행된다. 그의 시는 꽃병, 까치발 테이블, 부채, 거울 같은 단순한 사물을 소재로 한다. 이들은 탈사물화되고 부재 속으로 밀려 들어가 불가시적인 긴장의 흐름을 담는 그릇이 되는 한편, 이들을 지칭하는 말을 통하여 그 어떤 표상을 드러낸다. 이러한 표상에 의해서 사물들의 의미는 예기치 않게 증대된다. 왜냐하면 저 불가시적인 긴장의 흐름이 그들 속으로 파고들기 때문이다. 더군다나 그러한 흐름은 사물 속으로 매우 깊이 스며들기 때문에, 우리 세계의 단순한 사물은 온통 비밀로 채워진다. 이것은 우리를 둘러싸고 있는 모든 사물에 적용된다. 말라르메는 개념적인 설명에 의해서가 아니라, 절대 존재, 무를 가장 단순한 사물들에 각인시켜 수수께끼로 만들어버림으로써, 친숙한 것에 근원적인 불가사의함을 부여하는 것이다. 그리하여 이제 시가 탄생한다. 비록 낯선 영역으로 빠져든다 할지라도 영혼이 그 앞에서 전율하게 되는 말과 형상에 의한 비밀의 노래.

문체 전개

말라르메는 서두르지 않고 끈기 있게 자신의 작업을 진행시켰다. 내키지 않았던 직업(고등학교 교사), 이따금 혹독한 빈곤, 장기간의 신경쇠약성 불면에 끈질기게 저항하면서 그는 자신의 작품을 완성시켰다. 작품에 쏟은 그의 노고는 도덕적 훈육에 바친 노고 이상의 것이었다. 어떤 시들은 종종 20년, 아니 30년의 기간에 걸쳐 완성된다. 보들레르의 경우와 마찬가지로 그에게 있어서도 주도적인 테마들은 이미 초기에 설정되었다. 이후의 발전은 초기 구상들의 다양한 변형, 말하자면 외적이 아닌 내적 차원에서의 발전이다. 1866년 7월의 한 서한에서 알 수 있듯이, 그는 확신을 가지고 자신의 작품의 미래의 발전 방향을 이미 견고하게 파악하고 있었다. 보들레르와 마찬가지로 그에게 있어서 시 작품은 건축공학적인 전체여야 한다. 물론 이러한 전체는 완성되지 않았다. 그의 사색과 창작을 자극했던 다양한 테마로부터

≪악의 꽃≫과 유사한 완결성을 가진 책이 성립되지는 않았던 것이다. 하지만 각 부분은 견고한 기본 구상에 토대를 두고 있다. 말라르메의 미완성 유고 작품도 단순한 누적이라기보다는 건축물의 성격을 가진다. 미완성으로 머물렀다는 것은 개인적인 단념이 아니라 초개인적인 목표의 결과다.

말라르메의 많은 글에서 흐르고, 꽃피고, 호흡했던 것들이 시 작품에서는 고도의 에너지 집중으로 조밀한 언어 영역에서 압축되어 나타난다. 우리는 그의 시들의 다양한 표현 양식에서 그 점을 추적할 수 있다. 소란스러운 웅변 투의 어조는 모두 사라진다. 상투어들은 기이한 의미의 단어들 앞에서 물러선다. 문장의 만곡선은 원자화된 문장들로 변형되어서, 구문상으로 최대한 독립된 단어들이 그때그때마다 자기 자신으로부터 빛을 발하게 된다. 원래는 시의 서두에서 호명되었던 사물이 나중의 구절로 밀려가서 나타나므로 서두는 아무런 구속 없이 사물과 먼 거리에 놓이는 진술이 된다. 혹은, 하나의 사물이 처음에는 단순하고 익숙한 전체로서 나타나다가 다음 판에서는 다의적이고 분리된 부분들로 쪼개어진다. 모티프의 수는 점점 줄어들고 사물 세계는 점점 더 비중이 없어지며, 그와 반비례하여 내용은 점차 비정상적이 된다. 원래는 시구들이 이야기하고, 서술하고, 느끼면서, 제한된 내용을 향했으나 이제는 자기 자신, 즉 언어의 자기 존재로 향한다.

우리는 그러한 개작(改作)을 양식(樣式) 지향적인 화가들의 유사한 관습과 비교할 수 있다. 엘 그레코의 < 사원으로부터의 추방 > 에는 세 가지 판(版)이 있다. 처음 두 판은 그래도 자연과의 친근성을 어느 정도 유지하고 있었으나, 세 번째 판은 인물과 사물들을 과도한 확대, 가파름, 창백함으로 변형시켜서 이제 시야를 테마로부터 떼어내어 자기 자신의 필적으로 끌어당기게 하는 양식의 법칙하에 완전히 종속시킨다. 피카소의 8개의 황소 석판화들이 그 현대적인 보기다(1945/1946). 이것들은 처음에는 자연과 유사한 묘사로 시작하여 해부학적 묘사로 넘어가고, 다시 그 동물의 입방체 형상으로 축소되더니 마침내는 윤곽만 남은, 완전히 탈형상화된 선들의 형상이 된다. 여기에서는 변형된 사물이 아니라 변형시키는 양식에 우선적으로 주목해야 하는데, 이는 말라르메에 있어서도 마찬가지다.

탈인간화

현대시의 근본 특성 중의 하나는 그것이 자연적인 삶과 점점 더 결정적으로 분리된다는 데에 있다. 말라르메는 노발리스와 포가 개척했던바, 시의 주체가 초개인적인 중립성으로 나아가는 길을 계속 이어갔다.

그 자신이 종종 그 점을 지적하곤 했다. 그래서 그는 시란 열광이라든지 정신 집중 이상의 그 어떤 것이며, 오히려 '시인과 독자를 동시에 은폐시켜 주는' 하나의 '목소리'가 되기 위해 말들을 엄밀하게 다듬는 것이라고 말한다. 그 음향이 더 이상 인간의 입에서 나오는 것 같지 않고 또한 인간의 귀에 들릴 필요도 없다는 것이 절대시의 근본 명제다. 다시 말라르메는 시 창작의 정신을 '미지의 기다림의 진동하는 중심'이라 부른다. 이 용어에서 우리는 영혼이라든지 그와 유사한 모든 규범적 개념이 결여되어 있음을 주목할 필요가 있다. 더욱 간결한 진술도 있다. "문학의 본질은 그 기록자를 제거하는 데에 있다." 시 창작은 "생의 하루를 절멸시키거나 어느 정도 죽게 만들 것을 요구한다". 이는 "생을 추구하는 모든 것들과 완전히 다른 유일무이한 과제에 헌신함"을 의미한다.

말라르메도 사랑이라는 모든 시의 영원한 테마를 도외시하지는 않았다. 그러나 사랑의 상황은 빈 꽃병이라든지 술잔, 커튼과 꼭 마찬가지로 정신적 행위를 진술하는 계기에 지나지 않을 따름이다. 1898년에 쓴 전래의 귀부인 숭배에 근접하고 있는 훌륭한 소네트 < 멀리에서 그토록 정다운…
(O si chère de loin…) > (말라르메 전집, 61쪽)[3]조차도 자
연스런 사랑의 감정에서 벗어나 있으며, 말 없는 키스가 말
보다 더욱더 많은 것을 말한다는 섬세한 경험에서 보듯 말
이란 침묵과의 경계선에서 비로소 로고스이고자 하는 자신
의 운명과 아울러 그 불충분함을 깨닫게 된다는 말라르메의
근원적 체험을 드러내고 있다.

  지고한 이상성에로의 희망, 좌절, 유한자 속에서의 회의
에 찬 자기 결단. 은유의 유희는 사물성을 배제하며, 내적인
감성의 층은 사랑의 감정을 배제시킨다. 여기에서 낯섦이
생겨난다. 말라르메의 소네트에 있어서 은유들은 더 이상
전통으로부터가 아니라, 존재론적 상황들의 매우 광범위한
상징들을 포괄하고 있는 말라르메의 전체 작품으로부터 비
로소 이해 가능하다. 은유들은 그 사물적인 계기로부터 풀
려나 독자성을 획득하고 연인의 머리카락 등과는 더 이상
아무런 연관도 갖지 않는 영역들을 포착한다. 해명은 고의
적으로 거부당하는데, 그것은 자연적인 인간성으로 연결됨
을 막고 다의성을 온존케 하기 위함이다.

---

3) Mallarmé, St., ≪oeuvres complètes≫(Éd. H. Mondor et G. Jean-Aubry,
Bibliothèque de la Pléiade, Paris, 1965). 이하 '말라르메 전집'이라고 약칭한다.

저항, 작업, 그리고 유희로서의 시

말라르메의 확신에 의하면 시는 그 무엇에 의해서도 대체될 수 없는 언어이며 현실의 우연, 억압, 그리고 무가치함이 완전하게 제거될 수 있는 유일한 영역이다. 이따금 이러한 확신은 맹신적인 양상으로 나타나기도 했다. 그러나 말라르메는 젊은이들이 그를 지나치게 숭배할 때면 꾸짖을 줄 아는 절제심도 충분히 가졌다. 그리고 그러한 숭배는 '진부함의 강(江)' 한가운데에서 목적에 얽매이지 않는, 정신적인 순수함의 섬을 보존하려는 노력으로 이해되어야 한다. "다른 사람들의 눈에 나의 작품은 황혼의 구름과 별들처럼 무용한 것이다"(말라르메 전집, 358쪽). 말라르메는 그의 시를 통해서 19세기의 전환기 이래로 상업화된 세상과 과학에 의한 세계 비밀의 추방에 대항하는 방향으로 나아갔다. 그러한 행동을 문필업으로 치부해 버림은 지각없는 일이다. 그것은 이미 뛰어난 정신들에게서 흔히 나타나곤 했던 세계 불만족에 대한 긴장에 찬 현대적 형식일 따름이다.

말라르메는 논쟁을 좋아하지 않았다. 하지만 그도 이따금 세상의 소음에 대해 분노를 터뜨렸다. 그는 동시대의 많은 사람들과 마찬가지로 저널리즘의 위력과 위험성을 간파하고 있었다. 그는 '대중의 여론에 따라 모든 사물에 진부한 외관을 덧칠하며'(전집, 276쪽), 특별난 것을 범속한 것과 마찬가지로 재빨리 기사화함으로써 평준화시키는 기자들을 역겨워했다. 이에 반해 책(정신적인 저작 일반을 의도함)은 그에게 있어서 '우연을 차근차근 극복하는'(전집, 387쪽) 구조물로 여겨졌다. '우연'이란 말라르메에게 있어서 단순한 사실(현실)을 가리키는 표제어이며 자기 자신의 고유한 법칙에 따르는 정신에게만 속하는 저 필연성과 정반대의 것을 가리키는 말이다. "생각하는 자의 손은 꾸밈이 없다"(말라르메 전집, 412쪽)라는 구절은 비타협적 단순성에 대한 선언이다. 물론 이것은 상업화된 세계로부터의 일탈 과정에서 동시에 자연적인 인간마저도 제쳐버리는 추상의 단순성이다. 현대성이란 극단의 것이며, 자연과 소원하게 된 정신의 지배 요구에 있어서도 그 점은 마찬가지다. 다른 이유들도 있지만 어쨌든 말라르메도 랭보에 의해 제기된 현대 시 문학의 독재에 동참한다.

이와 같은 이유 때문에 말라르메에게서는 시의 창작이 극도의 강인한 작업일 수밖에 없다. 이러한 작업은 실험을 거듭하면서 언어의 저 다의성에 도달하고자 하며, 다의성은 여기에서 비실재적 긴장들의 필연적인 징표이기 때문에, 역설적이게도 적합한 다의성이라고 불려 마땅한 것이다. 그 자신도 유익하지 못한 주관성으로 간주해 버리는 영감으로부터는 아무것도 얻을 것이 없다. 그는 '실험실', '문장들의 기하학'이라는 말을 사용하며 자신의 고도로 전문적인 창작을 마치 공학자― 지성과 언어 마술사의 공학자―와 같은 책임을 가지고서 감독하는 것이다.

그의 시는 냉혹한 절차탁마의 산물이다. 그것은 어렵고 인기 없는 것이기 때문에 '적대적'이라고도 할 수 있는 악조건에서 수행된다(말라르메 전집, 535쪽). 이러한 작업에서 생겨나는 시구는 말 속에서 '언어의 고립'을 확보하기 위해 '다수의 어휘들로부터 새롭고 총체적인 말'(전집, 368쪽)을 탄생시킨다. 그것은 목적어법으로부터의 분리, 셸링의 이와 유사하긴 하지만 덜 극단적인 견해에 의하면 '시어의 천체가 그 자체 내에서 선회함'이다. 또한 그러한 말의 화자, 즉 시인도 고립되어 있다. 그는 일상성의 시각에서 보면 '가련한 자', 선택된 '병자'이지만, 바로 그 때문에 언어와의 고독한 작업에서 고도의 폭발력을 가진 소재들을 다룰 수가 있는 것이다(전집, 651쪽). 이 모든 것에서 우리는 시가 사회 일탈적인 비규범성이 되어야 한다는 루소의 견해가 이후 더욱 진전되었음을 본다.

무(無)와 형식

1866년 7월 말라르메는 카잘리스에게 보내는 편지에서 형식의 역할과 연관된 존재론적 근거를 암시하는 말을 하고 있다. "나는 무를 발견한 이후에야 미를 알게 되었습니다." 여기서 말하는 미의 개념에는 운율적으로 완벽한 형식들의 미도 포함된다. 존재론적 도식은 무(절대적인 것)와 로고스를 서로 연결시킨다. 로고스는 무가 그 정신적인 실존으로 태어나는 자리다. 고대 로망스어 지역의 사상에 따르면 시의 형식들 또한 로고스(=말)의 현상들이다. 말라르메의 말은 이러한 관점에서 비로소 이해할 수 있다. 모든 실재를 절멸시키는 그의 시는 그만큼 더 강력하게 '미', 언어의 형식화된 미를 환기시킨다. 이러한 미는 최상의 요구에 부응하는, 운율을 통해서 객관적 의미에서의 무를 구제하는 그릇이 되는 것이다. 말라르메는 형식에 대한 존재론적 논거를 이후 다시 포기한다. 그러나 현시대의 시에 있어서 — 즉 발레리, 기엔, 그리고 이들과 유사한 시인들 — 극단적인 추상성과 다의성이라는 특성을 갖는 시는 비사물적 공간 속에서의 근거지, 그 노래의 궤도와 척도가 되는 형식상의 구속을 갈구한다. 고트프리트 벤은 1921년에, 그리고 이후 여러 차례 '형식을 촉구하는 무의 강제력'이라는 말을 한다. 형식에 대한 말라르메의 견해는 18세기 이래로 시작되었던바, 진리로부터의 미의 분리가 완결되었음을 확증하고 있다. 이러한 절대적 형식의 미는 무의 순간에서조차도 로고스, 즉 인간존재의 위엄의 광휘가 꺼지지 않음을 보증하고 있는 것이다.

진술되지 않은 것에 대해 진술함

말라르메의 비일상적인 언어를 해독하는 데 필요한 인내심을 가진 독자는 언제든 소수에 지나지 않을 것이다. 그 자신도 이러한 소수의 독자만을 염두에 두었다. 그가 도대체 독자를 고려했다고 가정하는 경우에 말이다. 이러한 비정상적인 난해함은 현대시의 극단적인 특성을 보이고 있긴 하지만 결코 개별적 현상으로 간주되어서는 안 된다. 다수의 평론에서 말라르메는 자신의 특수 언어에 대한 해명을 시도했다. 그러한 성찰은 그 어떤 의미 전달의 목표 때문에 진부해지거나, 시작과 사고에 있어서 전적으로 새로운 어떤 것을 진술함을 방해하게 되는 상투어로 굳어버리지 않고 '섬광과 같은 논리의 번뜩임'(말라르메 전집, 386쪽)을 감당해 내는 저 자유가 언어에 되돌려질 수 있다는 생각 주위를 선회하고 있다. 말라르메에게 있어서 시의 창작은 언어의 본원적인 창조 행위를 매우 과격하게 쇄신함으로써 언제라도 여태까지 진술되지 않았던 것에 대해 말하게 함을 의미한다. 그 이전에도 그러한 생각들은 허다하게 토로되었긴 하다. 그러나 그는 그러한 생각들을 더욱 진전시켜서—이론적으로나 실제적으로나—진술되지 않은 것에 대한 최초의 진술이, 말하자면 제한적인 이해에 의해서 영구화된 동화 불가능성에서 입증되듯이 일상성의 궤도 위로 되돌려지지 않기 위해서 본래 형태를 유지하도록 한다. 그는 더 이상 상대적인 높이와 견고함의 등급에 따른 이해 가능한 언어로서의 시어가 아니라, 모든 규범성 일체에 맞서는 용해할 수 없는 불협화음으로서의 시어를 원한다.

그러한 시어의 수단은 비일상적일 수밖에 없다. 여기에서는 그 변죽 정도만 울려보기로 하자. 이를테면 (예상되는 활용형 대신에) 절대부정법으로 쓰인 동사들, 라틴어의 절대 탈격(Ablativus absolutus)의 모범에 따른 분사, 문법적으로 해명할 수 없는 도치법, 단수와 복수 사이의 구분 제거, 부사의 형용사적 사용, 정상적인 어순의 전도, 새로운 유의 부정관사 등. 사물과 테마에 있어서 시간적인 혹은 논리적인 순서 대신에 말라르메는 순차적으로 전개될 수밖에 없는 언어 수단에 의해서 그 어떤 동시적인 것, 심지어는 시간 초월적인 것을 진술하려는 거의 불가능한 시도를 한다. 전치

116

사들은 그때마다, 그리고 동시에 다양한 의미들을 가진다. 주도적인 기법 중의 하나는 한 단어의 의미에다가 그 가까이에 있는 단어의 의미를 섞어 넣는 것이다. 그가 한때 강령적으로 선언한 바에 의하면 "단어들은 그 상호 교체적인 투영에 의해서 빛을 발한다"(전집, 366쪽). 한 도서관을 소재로 한 어떤 4행시에서 'livres'와 'délivres'가 운을 이루고 있다. 언어철학적 근거를 가진 이 기법에 따라 'délivres'는 'livres'와 운을 이루는 동시에, 그 일상적인 의미에서 또한 'livres'로부터의 파생어로 이해될 수 있다. 그래서 이 동사 속에서 '책'과 '해방시키다'는 '책들로부터 해방시키다'라는 의미로 묶여지게 되는 것이다.

대체로 이러한 문체는 누구도 이어받을 수 없었다. 물론 그동안에도 말라르메 시의 동화(同化) 불가능성은 입증되고 있다. 이러한 문체들 중의 오직 소수만이 후기시에서 다시 나타나는데, 특히 사물적인 질서의 전도나 교차, 그리고 현실의 탈사물화에 기여하는 어법들이 거기에 속한다. 말라르메의 시어는 현대의 조급한 읽기 성향에 저항하면서 말이 그 원천과 항속성으로 되돌아가는 영역을 창조하려고 시도한다. 이러한 것이 문장을 파편들로 파괴함으로써 가능해진다는 것은 특기할 사실이다. 결합이 아닌 불연속성, 연결 대신에 병렬. 이것들이 내적 불연속성, 불가능의 경계선상에 있는 진술의 문체적 특성이다. 파편은 이룩되어 가는 완전성의 상징이라는 지위를 획득한다. "파편들은 이념의 결혼 징표다"(말라르메 전집, 387쪽). 그리고 이것은 현대 미학의 근본 명제이기도 하다.

침묵으로의 근접

말라르메의 성찰 가운데에서도 '침묵'은 가장 빈번하게 등장하는 개념들 중의 하나다. 그러므로 시는 '추상성을 향한 침묵의 비상'(말라르메 전집, 385쪽)이고, 그 텍스트는 하나의 '소멸'(말라르메 전집, 409쪽)이며, 말들이 원래 거기에서 유래했던 '침묵의 협주곡' 속으로 되돌아가 울릴 때에야 비로소 완전하게 인지되는 마술인 것이다(말라르메 전집, 380쪽). 그러므로 이상적인 시는 '순백으로 이루어진 침묵의 시'일 것이다. 그러한 문장들에는 고통스러운 경험을 통해 깨닫게 된 언어의 불충분성에서 비롯하는 신비주의적 사고가 되풀이된다. 하지만 여기에서 그러한 사고는, 보들레르와 랭보의 경우에 공허한 초월이 되었던 것과 같이, 무(無)의 신비주의가 된다.

불가능으로의 근접은 그러나 말라르메 또한 자신의 작품

전체의 경계선으로 자각하고 있었다. 그의 시집 ≪축배(Salut)≫의 서언적 소네트는 그의 시와 사고의 세 가지 근원적 힘을 보여주고 있다. 고독(현대시인의 본원적 상황), 절벽(그가 난파하는), 그리고 별(그 모든 책임이 거기로 돌아가는 도달할 수 없는 이상성). 그는 구두로 직접 고백했다. "나의 작품은 하나의 막다른 골목이다." 말라르메의 고립은 완벽하며 또한 의도적인 것이다. 랭보와 같이, 비록 방식이 다르긴 하지만, 그는 자신의 작품을 그 스스로가 지양되는, 더 나아가 일체의 시의 종말이 고지되는, 저 지점까지 몰아간다. 기이하게도 이러한 과정은 20세기의 시 작품들에서 허다하게 반복된다. 그러므로 이는 현대성의 깊숙한 욕구에 상응하고 있음에 틀림없다.

이해 불가능한 암시적인 시

이러한 시에 있어서 언어는 더 이상 전달의 매체가 아니다. 전달은 작가가 전달하고자 하는 사람들과의 공통점을 전제로 한다. 그러나 말라르메의 언어는 그 자체의 표현일 따름이다. 우리는 현대시에 있어서 절대성의 역할에 대해 여러 차례 주목했다. 말라르메에게 있어서도 절대성은 이미 전제된 것이다. 압축해서 표현하자면, 그는 더 이상 이해되지 않기 위해서 말한다. 어쨌든 이러한 사실은 통상적인 이해의 개념을 포기하고 있음을 고려할 때 다분히 비정상적임에도 불구하고 덜 부조리한 외관을 하고 있다. 이해의 자리에 이제 무한한 암시 가능성의 개념이 들어서야 한다. 말라르메 시의 다의성은 그 언어의 예사롭지 않은 음향의 매력이 청각을 매혹시키면서 독자를 사로잡는다. 말라르메는 '다양한 이해를 향해 개방되어'(말라르메 전집, 283쪽) 있는 독자를 염두에 둔다. 사실상 그의 시는 독자로 하여금, 시가 단정적인 종결을 회피하는 것과 꼭 마찬가지로, 안이한 결말을 회피하는 독자적인 재생산을 통하여 폐쇄되지 않는 생산적인 행위를 지속하도록 자극시킨다. 이러한 언어가 그 속에서 유동하는 무한한 잠재력은 독자에게로 전이되어 의미 해석에 있어서 마찬가지로 무한한 잠재성으로 탈바꿈한다. 독자는 수수께끼를 해명하기보다는 오히려 그 자신이 불가해의 영역 속으로 들어간다. 이는, 그 자신이 해명을 예감하긴 하지만 조속하게 결말나지 않는, 아마도 시인의 구상 속에서는 결코 있지도 않았던 시의 의미까지 유추해 내도 무방한 그러한 영역이다. 말라르메의 최대의 생도인 발레리는 이후 이것을 다음과 같이 표현한다. "나의 시는 독자가 거기에 부여하는 의미만을 가질 뿐이다."

독자와의 이러한 매우 느슨한 접촉과 관련하여 말라르메는 암시라는 개념을 사용했다. 이 개념은 그 본질에 있어서 보들레르에게서 나온 것인데, 그는 이것을 이미 주술의 개념과 연관시켜 사용했다. 말라르메는 1896년 한 평론에서 현대적 문체의 공통점은 그 "이상주의 때문에 자연적인 대상들을 회피하고" 또한 "대상들을 질서 짓는 엄밀한 사고를 그 지나친 난폭성 때문에 회피"한 데에 있다고 말했다. "단순한 암시는", 그는 계속해서 말한다, "사실적인 기술과 반대되는 것이며, 주문으로 불러냄, 변죽을 울림"(말라르메 전집, 365쪽)이다. 다른 구절에서 그는 말한다. "한 사물을 거명하게 되면 그 시에 있어서 즐거움의 4분의 3을 망치게 된다. 향유의 본질은 점차적인 드러냄에 있으며, 시의 목표는 사물을 암시하는 것에 있다"(말라르메 전집, 869쪽). 그 이후의 거의 모든 말라르메의 시에 있어서 중요한 것은 시의 암시적인 작용을 통해서만 독자와 맺어진다는 사실이다. 그러나 독자와의 결합은 이제 더 이상 성립되지 않는다. 암시는 오직 가상의 독자에게 임의적인 공감의 가능성을 제공할 뿐이다. 그렇다고 해서 독자가 말라르메 시의 해독 가능한 기본 테마들을 인식하고 해석 불가능에 도달하는 지점까지 추적하는 것을 배제해서는 안 된다. 그렇다면 도대체 해석이란 아무런 의미도 없게 될 것이다. 그러나 더 이상 인식을 강요하지는 않는다. 어둠의 시가 그 고립을 지양하지 않는 것은 자기 자신의 의지에 따른 것이기 때문이다.

존재론적 도식 - 무와 언어

말라르메 시의 존재론적 핵심 문제는 무와 언어 사이의 관계다. 이것은 시인 존재의 문제다. 그의 답변 속에는 물론 그리스 정신과의 그 어떤 공통점이 분명하게 드러나 있지 않긴 하지만 그리스의 로고스 이념의 흔적이 재현되고 있다. 말라르메가 독자적인 사유 방식을 전개하여 낭만주의 언어 이론으로부터의 자극을 궁극에까지 몰고 갔을 가능성도 충분하다. 1867년 5월 그는 카잘리스에게 보낸 편지에서 다음과 같이 말한다. "나는 당신이 알고 있던 바의 개인 스테판이 아니라, 나의 자아였던 그것에 의해 자기 자신을 보고 전개시키는 정신적 우주의 한 능력일 따름입니다. 나는 그 전개 과정을 자신의 책임으로 받아들일 수 있는데, 이는 우주가 이 자아 속에서 자신의 자아 존재(identité)를 발견하기 위해 절대적으로 필수적인 것입니다." 표현이 어느 정도 조야하기는 하다. 그렇지만 그 의미는 분명하다. 경험적 자아에 대신하여 '우주'가 자신의 정신적 자기 생성을 완수하는 장소인 비개성적 자아가 들어선다. 1895년에 쓰인 한 문장을 다시 보자. "우리의 종(種)에 주어진 바의 명예는 형이상학적이며 접근 불가능한 영원을 자신 앞에 가지고 있는 두려움에다가 — 인간 의식이 일반적으로 수행하는 방식과는 다르게 — 내장을 부여하는 것이다"(말라르메 전집, 391쪽). 이 문장의 은폐적인 비유 언어는 앞서 든 편지의 문장을 보완하고 있다. 두 문장은 정신이자 언어인 인간 속에서 절대적 존재가 완성되며, 이 절대 존재는 여기에서 바로 이 점에서만 정신적 탄생을 보게 된다는 사상을 담고 있다. 무로 이해된 절대는 언어, 즉 로고스를 불러내어 자신의 순수한 모습을 발견한다.

말라르메가 자주 언급하지는 않는 이러한 생각으로부터 그의 시의 많은 수수께끼들이 희미하게나마 이해된다. 무엇보다도 사물성, 모든 현실성 일체가 부재 속으로 퇴각해 버리는 것이다. 이러한 퇴각은 현실에 대한 예술적 가치판단보다 훨씬 더 많은 것을 의미한다. 이것은 일종의 존재론적으로 이해되어야 할 과정이다. 말하자면 이 과정에 의해서 언어는 사물에다가 부재성을 부여하며, 이 부재성으로 말미암아 사물은 범주상으로 절대(=무)와 동화되며 또한 (모든 사물성으로부터 자유로운) 말 속에서의 순수한 현존이 가능해지는 것이다. 사물적으로 소멸된 것이 그 소멸을 진술하는 언어를 통하여 호명됨으로써 동일한 언어 속에서 그 정신적 실존을 획득하는 것이다.

이로써 말과 아울러 무제한적 상상력의 현대적 우위가 존재론적 방식으로 근거 지어진다. 이런 관점에서 볼 때 말은 순수한 정신의 창조 행위다. 순수한 정신의 무제약성에 합당한 것은 경험적 현실을 더 이상 고려하지 않고 오히려 자신의 독자적인 운동에 내맡기는 것이다. 결정적인 사실은 말라르메가 이러한 운동을 임의적인 주관성으로 이해하지 않고 오히려 그 필연성을 자체 내에 가지는 존재론적 사건으로 본다는 점이다. 그럼에도 불구하고 그는 무제약적인 정신을 '상상력'으로, 또한 '꿈'으로 부르기도 한다. 이 두 단어는 이미 오래전부터 창작적 자유와 거의 비슷한 의미로 사용되어 왔다. 이 단어들이 그에게서도 나타난다는 사실은 18세기 말 이래로 상상력의 개념이 어떠한 경로를 밟아왔고 아울러 20세기에 어떠한 영향을 주었는가를 알 수 있기 때문에 중요한 의미를 가진다. 우리가 앞서 루소, 디드로, 보들레르, 랭보에게 있어서 상상력의 의의에 대해 언급했던 바와 비교해 보라. 이 작가들은 상상력을 현실 초월적인, 즉 전제적인 힘보다도 언제나 결정적인 것으로 보았다. 말라르메는 상상력을 절대 존재에 의해 요구되는 정신적 현존의 성소(聖所)로 파악하면서 상상력을 더욱 높은 단계로 이끌

어 올린다. 이 모든 과정이 이전 단계와 연결되는 그 수미일
관성은 놀라운 것이며 현대시와 시에 대한 현대적 사고의
구조적 통일성을 새롭게 입증한다. 말라르메의 상상력 개념
은 현실의 파괴라는 시 창작의 근본 특성을 합법화시킨다.
말라르메는 그 존재론적 근거를 발견하기도 전에 이러한 특
성을 자기 것으로 했던 것이다. 1867년 르페브르에게 보낸
편지에서 그는 자신의 작품이 오직 폐기라는 방식에 의해서
창작되었으며, 더욱더 깊이 '절대적 어둠'의 경험 속으로 밀
쳐 들어가, 단테에 빗대자면 "파괴가 나의 베아트리체가 되
었노라"고 말한다.

비의(秘儀)주의, 마술과 언어 마술

말라르메는 신비주의 문학에 대단한 관심을 갖고 있었다.
친구들의 소개로 그는 엘리파스 레비(콘스탄트의 사제)의
저작을 알고 있었다. 그는 ≪헤르메스 트리스메기스토스
(Hermes Trismegistos)≫라는 이름으로 통용되었던 고대
후기의 비교(秘敎) 이론을 전파했던 미슐레(V. E. Michelet)
와도 서신을 교환했고, 그 이론에 연금술론이라는 이름을
사용했으며, 그것을 시에 적용할 것을 추천했다(오늘날까

지도 프랑스에서 '에르메티슴'은 주로 신비주의, 연금술 등을 의미한다). 이러한 적용에 찬동했던 말라르메는 '마술'이라는 한 평론에서 말한다. "고대의 주술과 시에서 작용하는 마술 사이에는 내밀한 유사성이 존재한다." 그러므로 시를 쓴다는 것은 "명백한 의도를 가진 모호함에 의하여 침묵하고 있는 사물들을 불러일으킴을 요구한다, 결코 직접적이 아닌 암시적인 말들을 사용하여". 그리하여 시인은 '문자 마술사'(말라르메 전집, 399쪽 이하)가 된다. 이후 요정, 마법사, 마력[라틴어 의미로 주문을 의미하며, 이후 발레리가 그의 시집에 붙인 제목 '매혹(Charmes)'과 동일한 것이다]과 같은 개념들이 계속해서 이어진다. 한 서신에서는 '연금술사들, 우리들의 선조'라는 말이 사용되고 있다. 의심할 바 없이 이 모든 것들에는 신비주의 계열에 속한다는 사실보다는 시와 마술 사이의 대응에 관한 확신이 나타나 있다. 어쨌든 그의 선행자들이 표방했던 이러한 확신은 말라르메에게서 더욱 강화되었다. 말라르메는 주술적-고대적 영혼의 성층과 고도의 사변적 시를 결합시키는 현대적 작시법의 요구에 동참한다. 그의 시의 언어 주술은 내용상의 모호함과 공동으로 작용하면서, 그 자신이 단순한 이해 가능성에 대신하여 설정하고자 했던 저 암시를 실행할 수 있는 정말 독특한 수단을 형성했다.

언어 주술은 시구의 음향력에서 뿐만 아니라 시작(詩作)을 이끌어가는 말의 자극에서도 그 모습을 드러낸다. 말라르메의 다음과 같은 발언은 잘 알려져 있다. "시인은 비균일적인 것들의 상호 충돌에 의해 운동하게 되는 말들에 그 주도권을 양도한다"(말라르메 전집, 366쪽), 다른 문장에서 말라르메는 "무한의 리듬이란, 마치 말(언어) 피아노의 건반들을 손가락으로 탐문하듯 연주하는 것과 같이, 적합한 심지어는 일상적인 말들을 사용하는 데서 생겨난다"(말라르메 전집, 648쪽)라고 말한다. 주지하다시피 말라르메는 그의 시들 중 다수를 언어 충동에 따라 썼거나 혹은 언어 충동이 지시하는 대로 갈겨 쓴 초고를 다시 개작했던 것이다. 앞서 이미 언급했던 시는 다음과 같이 시작된다. "O si chère de loin et proche et blanche…"(말라르메 전집, 61쪽) 시구는 간격을 나타내는 두 개의 단어(loin, proche), 그리고 동일한 흐름 속에 있으면서 색을 나타내는 하나의 단어(blanche)를 포함하고 있다. 문장의 흐름은 더 넓은 공간표상을 나타내려는 것처럼 보인다. 그러나 공간적인 것과는 아무런 연관이 없는 이질적 요소인 'blanche'는 사물적으로 일관성 있는 표상의 연쇄에 속하지 않는다. 여기에서 중요한 것은 표상이 아니라 언어 자체의 작용이기 때문이다. 'blanche'의 기원은 'chère'와 'proche'의 ch-음에 있다. ch-

음은 독자적인 음향으로 전개되면서 그것을 포함하고 있는 단어를 불러내는 것이다. 이는 여기에서 상론할 필요가 없는 많은 것들 중의 작은 예에 지나지 않는다. 그러나 환기되어야 할 사실은 말라르메의 강력한 음향효과를 주는 시구는 협화음에 있어서뿐 아니라 불규칙한 자극적 음향이 지배적인 곳에서조차도 일관된 힘―그 의미가 사라짐에도 불구하고 기억 속에서 고정되는―을 발휘한다는 점이다. 이것은 빈약한 암기력에도 불구하고 말라르메의 '기이한 시구들'은 외울 수 있었다고 말했던 발레리가 입증하고 있다. 이 경험은 20세기의 허다한 시인들에게로 확장되며 때로는 좋은 시의 유일한 척도가 되기도 한다.

전제적 상상력, 추상과 '절대 시선'

말라르메에게 있어서 상상력은 랭보의 경우보다는 훨씬 소리 없이 작용한다. 그러나 그 소리 없는 작용은 존재론적으로 정초된 행위의 무게를 갖고 있다. 상상력의 의미 영역 안에서, 노발리스와 보들레르의 경우와 같이, 추상의 개념이 등장한다. '전적으로 상상력에 따르며 추상적인 것은 곧 시적인' 것과 동일시되는데, 이때 그리스어의 의미에서 '시적인'이란 말은 또한 '창작적', '산술적'이라는 의미를 가진다. 이와 더불어 또 다른 개념이 나타난다. 'regard absolu', 즉 절대 시선이 그것이다. 이 말의 의미는 평론집 ≪발레(Ballets)≫(1891)에 잘 드러나 있다. "무희는 춤추는 여자가 아니다. 그녀는 여자가 아니라 우리들의 본질을 나타내는 원(原)이미지들, 칼, 접시, 꽃 중 하나를 내포하고 있는 은유일 따름이다. 그녀는 춤추는 것이 아니라 텍스트가 아주 장황하게 재현시킬 수밖에 없는 그 무엇을 몸짓으로 암시할 뿐이다"(말라르메 전집, 304쪽). 한 무희를 응시한다는 것은 그러므로 그 경험적 현상을 관통하고 있는 원형식들을 투시하는 것이다. 그러한 투시는 '비개인적이며 불꽃처럼 반짝이는 절대 시선'의 결과다(말라르메 전집, 306쪽). 다분히 플라톤적인 경향이 엿보인다. 그러나 그 평론은 다음과 같이 결말을 짓고 있다. "언제나 남아 있는 마지막 베일을 관통하여 무희는 그대에게 그대의 이념들의 순수성을 부여하고 그대의 비전을 침묵으로 기록한다. 무희라는 상징을 통하여." 이러한 생각은 투시의 주체와 연결되는데, 이는 매우 비플라톤적이다. 투시는 객관적 원형들이 아니라 자기 자신의 정신의 원형식들을 인지하며, 현상들 속으로 파고들면서 현상들을 이 정신의 부호(=상징)로 변형시킨다. 경험의 외피를 벗어버린 현상들은 절대 시선에 의해 압도적으로 좌우된다. 자신을 담아줄 그릇을 향하고 있는 이 절대 시선은 현상들을 상징 언어로서만 사용하며, 이에 의해 자신의 운동을 자유롭게 조작하는 것이다. ≪발레≫는 무제한적인 창작적 작시법이 당시까지 가질 수 있었던 가장 단호한 변론에 해당한다. 그러므로 '절대 시선'은 말라르메와 그의 후계자들의 추상시를 나타내는 표제어로 확정될 수 있다. 이는 대상들 대신에 순수한 선, 색채와 형태로 이루어진 긴장 구조를 택하는 추상화에 있어서도 마찬가지다.

언어와 더불어 홀로 있음

"시는 오지(奧地)의 건축물이다"라는 말라르메의 명제가 말하듯이 그의 시 작품은 현대시가 여태껏 도달했던 가장 깊숙한 곳에 자리 잡고 있다. 소수의 소재들로 구성된 그의 시는 지상의 언어로서 무한하고 텅 빈 절대공간의 '암호를 말 없이 율동적으로 해독하려고'(말라르메 전집, 648쪽) 시도한다. 말라르메는 언젠가 담화 중에 시는 '호메로스의 위대한 일탈' 이래로 길을 잃어버렸노라고 말했다. 호메로스 이전에 무엇이 있었는가라는 질문에 대해 그는 오르페우스라고 대답했다(180/683쪽). 그러므로 그는 시와 사고, 지식과

130

비밀이 그 속에서 하나가 되는 노래의 총체성, 신화적 형상이라는 아득한 옛날로 되돌아갔던 것이다. 그것은 아마도 그가 오르페우스적인 시작과의 친근성을 예감했기 때문일 것이며, 그리고 또한 자신의 시어에서 애써 도달한 창의성에 대한 자각이 그로 하여금 시의 아득히 먼, 신화적 근원에 호소하도록 했기 때문일 것이다.

말라르메의 시는 전적인 고독을 형상화하고 있다. 그의 시는 기독교적, 인문주의적, 문학적 전통에 대한 어떠한 요구도 하지 않는다. 그것은 현재 상황에 대한 어떠한 개입도 금하고, 독자에게 퇴짜를 놓으며, 스스로도 인간적이길 거부한다. 그리고 미래에 대해서도 자신의 고독을 주장한다. "시인은 결코 도달하지 못할 것을 염두에 두면서 비밀리에 작업해야만 한다"(말라르메 전집, 644쪽). 그의 시는 현실을 불충분한 것으로, 초월을 무로, 이 둘 사이의 관계를 해결되지 않는 불협화로 경험한다. 무엇이 남아 있는가? 자신의 증거를 자신 속에서만 가지는 진술. 시인은 오직 그의 언어와 더불어 홀로 있을 뿐이다. 이 점에서 그는 자신의 고향과 자신의 자유를 갖게 된다. 사람들이 그를 이해하든 아니든 간에 아무런 상관없이. 이러한 것이 현대시의 본래적 상황이 아니었다면, 말라르메도 그렇게 숭배되지는 않았을 터다.

제5장
20세기의 유럽 시

방법에 대한 고찰

오늘에 이르기까지의 20세기 시를 지배하는 기본 유형은 19세기 후반 프랑스에서 성립되었다. 이 유형은 독일인 노발리스와 미국인 포로부터 예감을 받았던 보들레르 이후 그 윤곽이 드러났으며, 랭보와 말라르메에 의해서 극한의 경계지점에 도달했다. 20세기의 시는 몇몇 시인들의 매우 훌륭한 성과에도 불구하고 근본적으로 새롭다고는 할 수 없지만, 그렇다고 해서 그들의 가치가 감소하는 것은 결코 아니다. 그들의 텍스트에서 그들을 선구자들과 결합시키는 문체상의 통일을 인식하는 것은 가능하며, 또한 필요한 작업이기도 하다. 문체상의 통일이란 천편일률적인 동일성이 아니라, 개개의 작가들의 차이점을 포괄하는 언어 구사법, 관점, 테마 선택, 언어 구사에 있어서의 내적 동력의 공통점을 말한다. 괴테와 트라클 사이에는 어떠한 문체상의 공통점도 없다. 그러나 서로 비교하기가 매우 어려운 트라클과 벤 사이에는 문체상의 공통점이 있다. 물론 그렇다고 해서 독창성이 훼손되는 것은 아니다. 독창성은 질의 문제이며, 유형에 따라서 결정되는 것이 아니기 때문이다. 그러나 유형은 인식을 용이하게 한다. 이러한 문체상의 통일성에 대한 인식은 의도적으로 정상적인 이해에서 벗어나고자 하는 시들에 접근하는 유일한 통로이기도 하다. 우리의 관심사는 거의 100년 이래로 유럽 시를 규정하는 그러한 양식과 구조의 강제성이다. 그러므로 우리는 개별적인 영향 관계에 구애받지 않고 창작 방식의 공통적인 특징들을 기술하는 하나의 방법을 새로이 구축할 필요성을 느끼는 것이다.

지난 50년간의 유럽 시에 대한 문학사나 비평을 읽은 사람이라면 얼마나 많은 양식들, 유파와 노선들이 서로 교체되어 왔는가를 알게 된다. 다다이즘, 미래주의, 위나니미슴, 창조주의, 신(新)객관주의, 모더니즘, 극단적 모더니즘, 초현실주의, 에르메티슴, 반에르메티슴, 극단주의… 스페인 사람 R. 고메스 데 라 세르나는 1943년 평론집 ≪이스모스≫를 집필하여 그가 입수할 수 있었던 모든 현대적인 경향들을 그러한 '주의'에 따라 분류, 집합시켰다. 추측건대 로망스어권 나라들에서 문학과 예술의 그러한 변이체들이 과도하게 평가되는 것은 당대의 유행 사조에 대한 광범위한 애착 때문에 역사적 연관을 놓쳐버리는 데에 기인하는 것 같다. 어쩌면 정치적 파당 형성과 파당 간의 분쟁이라는 선례가 영향을 주었을는지도 모른다. 물론 어떤 관점에서 보면 소위 신속한 양식 변천이라는 이러한 양상은 다시금 현대성의 징후이기도 하다. 이것은 영원이 아니라 기껏해야 미지의 미래를 시의 목표로 삼는 시인들이 종종 주장하는 바의 의도에 부합된다. 그들의 작품은 미래를 전망하기 위해 과거와는 결별하는 잠정적인 실험이고자 한다. 이러한 시도는 랭보가 의도한 바였으며, 장 콕토에게서 다시 나타난다. 1953년 그는 <어느 시인의 행동 방식(Démarches d'un poète)>에서 예술이란 끊임없이 다른 것을 향하고 있는 초조함, 전통에 대한 비방, 유행처럼 신속한 질주이며, 이제 막 '미', 즉 관습이 되어가는 바로 직전의 유행 방식보다 앞서가는 어떤 것이라고 고백했다. 서두름은 예술 의식을 불안하게 만들었고, 그 결과가 저 신속한 양식 교체라는 견해로 나타났다. 그러나 이러한 견해는 시각상의 착각일 뿐이다. 착시로 인해 그럴싸하게 보였던 다양성은 존재하지 않는다. 현시대의 시들의 가능태를 다양하게 보여주는 뉘앙스와 변이체들이 존재하기는 한다. 하지만 이것들은 현대시의 구조 분석에 있어서 그렇게 중요한 의미를 갖지 않는다.

'지성의 제전(祭典)'과 '지성의 몰락'

지나친 단순화는 물론 삼가야 하지만, 전체적으로 볼 때 두 방향이 두드러진다. 이 두 방향은 지난 세기에 랭보와 말라르메에 의해 개척되었던 것이다. 개괄적으로 표현하자면, 전자는 형식에 구애받지 않는 비논리적 시를, 후자는 지성과 형식의 엄격함을 추구했다. 첨예한 대조를 보이는 이 둘은 1929년 강령적으로도 공식화되었다. 발레리는 "시는 지성의 제전이어야 한다"고 말했다. 또 다른 선언은 이에 대한 저항으로부터 나온다. 그 기초자는 초현실주의자 브르통(A. Breton)이다. "시는 지성의 몰락이어야 한다"라고 말한 그는 바로 뒤에 이어서 "완전함이란 부패에 다름 아니다"라고 부언하고 있다(≪르뷔 쉬르레알리스트≫, 1929). 이러한 양극성은 현대시 일반의 보편적인 양상으로서, 거의 모든 시인 안에 내재되어 있는 뇌수의 힘과 고대적 힘 사이에 존재하는 간격의 긴장에서 비롯된 것이다. 게다가 저 양극적 유형들 간의 허다한 일치 현상들은 그들을 총괄하는 초당파적 구조 통일성을 거듭해서 보여준다. 요컨대 지적인 시와 비논리적 시는 다음과 같은 점에서 일치한다. 인간 중심적 입장으로부터의 도피, 규범적 객관성과 관습적 감정으로부터의 선회, 다의적인 암시에 대한 선호와 제한적 이해

가능성에 대한 단념, 시를 세계의 모사, 감정의 표현에 의해서가 아니라 오직 그 언어, 무제한적 상상력이나 그 비실재적인 꿈의 유희에서 성립하는 자율적이고, 스스로 사유하는 형상체로 만드는 것.

현대 회화에 대한 고찰에서도 이와 유사한 결과에 도달한다는 것은 흥미롭다. 하프트만(W. Haftmann)은 그의 저서 《20세기의 회화》에서 칸딘스키에 의해 공식화된 '거대한 실재'와 '거대한 추상' 사이의 대립을 증거로 끌어대고 있다. 칸딘스키는 이 대립에 기인하는 서로 간에 상충하는 회화의 방향들을 '더 높은 구상'에로 지양할 수 있었다. 그가 '거대한 실재'라는 개념으로써 기술한 예술적 특성들은 우리들이 랭보의 감각적 비실재성이라고 지칭한 것과 놀랄 만큼 일치한다. '거대한 추상'도 사물을 절멸시키는 말라르메 시 속의 순수한 긴장의 흐름과 일치한다.

시, 회화 및 음악 사이에 존재하는 양식의 유사성은 이로써 설명될 수 있다. 외형적이긴 하지만 어쨌든 이와 같은 사실을 입증하는 중요한 근거로 이 시대의 시인들과 화가들 사이의 활발한 개인적 접촉을 들 수 있다. 보들레르와 들라크루아의 교제에서부터 앙리 루소, 아폴리네르, 막스 자코브, 피카소, 브라크로 구성된 그룹, 그리고 가르시아 로르카와 살바도르 달리의 우정에 이르기까지. 화가와 음악가들의 안내 프로그램은 문학 프로그램의 이념과 전문용어들을 사용했으며, 그 역도 마찬가지였다. 한때 디드로는 회화 분석에서 획기적인 인식을 얻기도 했다. 이후 진행된 과정들로 미루어 보건대, 그들은 현대의 시와 예술이 감행한 모험들의 토대를 이루는 구조적 통일성을 예견한 것으로 보인다.

20세기의 스페인 시

20세기 초 이래로 스페인에서는 니카라과 출신인 루벤 다리오의 뒤를 이어, 국내외 비평가들이 스페인 문학 제2의 황금기를 운위할 만큼 양과 질, 그리고 독창성에서 뛰어난 시들이 풍성하게 나타났다. 외국인들도 그들의 말이 지당함을 인정한다. 안토니오 마차도, 라몬 히메네스, 호르헤 기옌, 헤라르도 디에고, 페데리코 가르시아 로르카, 다마소 알론소, 라파엘 알베르티와 여타 작가들의 시는 유럽 시가 20세기 전반기에 산출했던 가장 귀중한 재보일 것이다. 스페인 사람들은 그들의 현대시가 외국으로부터 아무런 영향도 받지 않았노라고 주장하곤 한다. 하지만 1925년 오르테가이 가세트는 당시의 스페인 시 전체가 말라르메의 뒤를 따르고 있노라고 말한 바 있다. 이는 물론 과장된 발언이었다. 하지만 이것은 오르테가가 언급했던 시인들이 스페인 정신을 희생시키지 않으면서도 유럽, 특히 프랑스 시와의 강력한 친근성을 표명했다는 사실을 스페인 사람들 스스로 느낄 수 있었음을 입증한다.

스페인에서는 세기의 전환기 이래로 양식상의 교체가 진행되었다. 이것은 처음에는 미사여구적 · 감상적 · 자연주의적인 시에 대한 염증에서 생겨났다. 그리고 이후에 루이스 데 공고라(1561~1627)라는 인물로 대표되는 국내의 전통이 양식 교체에 일조했다. 수백 년 동안 진가를 인정받지 못했던 공고라는 그때까지의 고전 문예학에서 자신에 대한 평가절하의 증거로 내세워졌던 바로 그 특성에 의해서 이제 높은 평가를 받게 되었다. 공고라에 대한 관심의 외적인 계기는 그의 사망 300주기였으며, 내적인 계기는 현대시와의 유사점이었다. 공고라에게서 발견되었던 것은 다음과 같다. 자연이나 신화에 나타나는 별개의 사물들 사이의 연관을 지적으로 또는 상상력으로 창출해 내는 능력, 현상들을 '은유적인 생략법'(디에고)에 의해 계속 변형시키는 작용으로서의 언어, 실재 세계에 대항해서 끊임없이 시적인 대립 세계를 세우는 그의 예술성 넘치는 모호한 문체의 매력, 그의 시적 기법 특히 구문상의 변위에 의해 시구에다가 최고도의 긴장을 부여하는 기법의 엄격성, 마지막으로 시의 난해함을 음향의 마력과 조화시킴. 공고라에게서 그러한 발견을 했던 사람들은 주로 시인들이었다. 이들은 흔히 저 공고라의 해[年]를 상기시키면서 1927년 세대라고 불렸다. 문학사가들은 이 세대를 앞서 거론했던 이름들과 나란히 동일한 맥락 속에 배치시켰다.

시에 대한 두 성찰: 아폴리네르와 가르시아 로르카

포와 보들레르 이래로 시인들은 그들의 시 작품과 동등한 비중을 갖는 시론을 전개시킨다. 이것은 계몽적인 의도에서가 아니라, 창작 행위가, 자신의 행위를 성찰함으로써 시적인 고도의 긴장을 강화시키려는, 조작적이고 또한 스스로를 응시하는 정신의 모험이라는 확신에서 나온 것이다.

시에 대한 이론적 진술의 두 예를 간단히 고찰해 보자. 이 두 예에서 알 수 있는 것은 19세기 시론의 얼마나 많은 특징들이 20세기의 시론에 영향을 주었는가 하는 사실이다.

그 하나는 1918년 ≪메르퀴르 드 프랑스(Mercure de France)≫에 게재되었던 아폴리네르의 강연 원고인 ≪새로운 정신과 시인들(L'esprit nouveau et les poétes)≫이다. 논지 자체가 어느 정도 혼란스럽긴 하지만 다음과 같이 요점을 간추릴 수 있다. '새로운 정신'은 절대적 자유의 정신이다. 시에 있어서의 자유는 그 품격에 구애받지 않고 모든 소재들을 무한정으로 수용한다. 시는 성운과 대양들뿐 아니라 떨어지는 손수건, 타오르는 성냥에서도 점화된다. 가장 강력하거나 아니면 가장 미미한 사물들에서 시는 전대미문의 것을 이끌어내며, 그것을 당혹스런 경악으로, '감내하기가 극히 고통스런 새로운 환희들'로 변형시킨다. 극히 미미한 대상마저도 시적 변용에 의해 '불길이 여러 갈래의 의미들을 밝혀주는 미지의 무한'으로 뛰어들게 되며, 또한 무의식의 여명 속으로 들어가는 현관이 된다. 부조리한 것은 영웅적인 것과 동등한 지위를 가진다. 그러나 새로운 시는 기술 문명의 새로운 실체들, 즉 전화, 전보, 비행기와 '기계들, 이혼한 남자들의(어머니 없는) 딸들'도 자기 영역으로 끌어당긴다. 시는 그러한 사물들을, 모든 것이 허락되며, 특히 불가능한 것이 가장 쉽게 허락되는 자유롭게 창안된 신화들과 혼합시킨다. 그 목표는 '총체시'다. 이 총체시는 온갖 상이한 것들이 동시에 눈에 들어오는 신문의 지면이라든지, 아니면 성급하게 장면에서 장면으로 이어가는 영화와 같아야 한다.

이 미래 지향적인 강령에 이어 가르시아 로르카가 1928년에 행한 공고라 회고 연설 '루이스 데 공고라의 시적 상상력'에 주목해 보자. 이 연설은 20세기 스페인에서의 공고라르네상스를 입증하는 중요한 증거이자 현대시의 미학이기도 하다. 스페인에서의 공고라의 재발견은 새로운 시들에 풍성한 양분을 공급했고, 이 시들은 다시 이전의 모든 스페인 시인들 중 가장 난해한 시인에 대한 이해에 커다란 도움을 주었다. 가르시아 로르카는 그를 '현대시의 아버지'라고 부른다. 그는 또한 말라르메를 거명하면서 '공고라의 가장 우수한 학생'으로 부른다. 이 프랑스인이 공고라를 알지 못했음은 물론이다. 가르시아 로르카는 차이점들과 아울러 둘 사이의 유사성을 확증시키는데, 그것은 무엇보다도 시의 기법에 있어서다. 이러한 기법과 그 근거에 대해서 언급하고 있는 그의 연설은 현대시에 대한 간접적인 기술로 이해해도 무방하다. 아래의 요약도 마찬가지다.

공고라는 시가 외부 세계와 내부 세계의 정상성으로부터 멀리 떨어질수록 그 가치가 증대한다고 확신한다. 그는 '전달 가능한 감정들'이 배제될 때 비로소 나타나는 순수한 무용(無用)의 미를 사랑했다. 그는 현실을 증오했으며, 순전히 시적으로만 존재하는 영역에 대한 무제한의 지배자였다. 그의 정신적 풍경 안에는 오직 말들의 자율만이 존재하며, 그는 이 말들로부터 시대에 저항하는 건축물을 건립하는 것이다. 거기에서 자연이 차지할 자리는 없다. 왜냐하면 "신의 손에서 유래한 자연은 시 속의 살아 있는 자연이 아니기 때문이다". 공고라의 창작물들은 현실에 의해서가 아니라 그 자체로서 평가되어야 한다. 그는 사물들과 사건들을 "그의 뇌수의 어두운 방 속으로 옮겨놓았는바, 그것들은 세계를 뛰어넘기 위해 변형된 채로 그곳으로부터 되돌아 나온다". 변형력의 본질은 은유적 상상력에 있다.

디오니소스에서 아폴로로

요컨대 현대시는 하나의 냉정한 작업이 되었다. 그것에 대한 성찰 또한 냉정하게 되었다. 현대시는 전문적 지식에 의해서만 평가되는데, 그것은, 시란 하나의 비밀이며, 말로써는 거의 도달할 수 없는 영역의 경계선을 스쳐 감, 일종의 기적과 위력이라는 의식과 전적으로 결합되어 있기 때문이다. 그러므로 시인은 전인미답의 언어 영역에 대한 탐험가가 된다. 하지만 그는 어느 때라도 자기를 통제할 수 있고 범속한 감정으로부터의 기습에 대비할 수 있는 개념들, 말하자면 측정 기구들을 장만하고 있다. 현대시들로부터 발산될 수도 있는 마법성은 단호하게 절제된다. 또한 그들의 불협화음과 모호함도 청명한 예술가의 양심인 아폴로의 지배를 받는다. 시인 자질의 유일한 증거로서의 영감에 찬 감동은 이미 19

세기 초 이래로 쇠퇴했던 것이다.

지도적인 유럽 시인들의 거의 대다수는 영감에 대해 회의를 표하면서, 흥분과 능력, 개인적 감동과 정신적 합당성 사이의 차이를 엄밀하게 분간한다.

우리는 노발리스에게서 그 서주곡을 들을 수 있다. 엘리엇은 자신의 행위를 학문과 유사한 것으로 만드는 시적 주체의 탈개성화에 대해 말하고, '예술 행위의 밀도'를 강조하면서 심정뿐만 아니라 더 깊이, 즉 '뇌의 피질과 신경 체계' 속을 들여다볼 것을 요구한다. 독일에서는 벤이 신선한 바람을 일으키는 충격적인 언설들로써 그 모든 것을 늦게나마 정립시킨다. 그의 강연 ≪서정시의 제 문제≫(1951)는 세기 중엽의 시학이 되었다. 벤은 '공작(工作)' 개념의 명예를 회복시켰으며, 이것으로써 내용의 진리보다 상위의 독자적인 진리를 가지는 문체 형식 및 형식 의지를 표기했다. "왜냐하면 형상화의 영역에서만 인간이 인식되기 때문이다." 이것은 매우 라틴적인 명제이며, 영감은 올바른 길이 아니라 그릇된 길로 인도한다. 영감이 "몇 개의 시구를 내던진다". 그러나 그 후엔 형상력을 가진 인간이 다가와서 "이 시구들을 즉시 낚아채서, 현미경 아래에 두어 검색하고 채색하며, 병리학적 증세를 탐색한다…".

오늘날의 시인들은 '실험실', '작업', '대수학', 시구의 '계

143

산'이라는 말들을 즐겨 사용한다. 발레리는 드가에 대한 그의 저서에서 현대 화가를 묘사한다. 예전 화가들의 작업실에서 볼 수 있는 안락한 무질서가 아니라 고무장갑을 끼고 새하얀 실험복을 걸친 한 남자가 엄격한 플랜에 따라 작업하는 특수한 기구들로 둘러싸인 '기호-실험실'. 발레리는 반어적으로 이것을 미래의 모습으로 서술했다. 그러나 이것은 이미 오래전에 실현되었던 것이다. 하프트만의 저서 ≪20세기의 회화≫를 보게 되면 우리는 회화가 마치 '공식들'을 발견하고, 공간을 '정의하며', '음향 구조'를 탐구하는 고도로 지적인 특질을 가진 인간들로 차 있는 거대한 실험실인 듯한 인상을 받게 된다. 시의 경우도 이와 다르지 않다.

　물론 현대시인들의 이러한 태도를 결여된 창조력을 메우기 위한 무미건조한 대용품으로 해석하는 오해는 피해야 한다. 오히려 우리는 혼란스럽고, 꿈처럼 부유하는 대상을 압도해야 하는 바로 그곳에서 언어로 하여금 시적인 승리로 나아가게 하는 것은 지적인 사려에 의해서라는 사실을 발견할 수 있다. 현대적 정신의 특이한 감수성이 아폴로적인 청명한 예술 오성에 속마음을 털어놓는다는 사실은 의미심장하다. 예술 오성은 다의적이고, 마술적인 시에 대한 현대 정신의 요구가 장기간의 검증 결과 필연적이라는 사실을 입증하려고 사려를 다한다. 시의 창작을 통해서 발언하기도 전에 말이다.

　온갖 형식적 가능성들을 시험하여 마침내는 시구의 완전한 해체에까지 나아갔던 가르시아 로르카는 한 대화에서 고백한다. "내가 신의 은총 혹은 악마의 은총을 받은 시인이라면, 그것은 다만 기법과 노력에 의한 것입니다. 왜냐하면 나는 시가 무엇인가 하는 문제에 대해서 가차 없이 파고들기 때문입니다." 엘리엇은 예술 행위를 기계의 제작이라든가 책상 다리의 회전 제작과 유사한 임무를 가진 정밀 작업으로 본다. 그의 운율 형식은 자유로운 편이다. 그러나 그의 세밀한 작업은 반복 시구들의 세련된 처리, 그리고 다(多)악장의 음악적 구성 양식에 따른 장시(長詩)들의 구성 형식에서 그 면모가 드러난다. 우수한 시인들에게 있어서 형식의 자유란 무정부 상태가 아니라 숙고를 거듭한 의미 기호의 다양성을 나타낸다.

　마지막으로 현시대의 음악과 시의 상동성, 그와 아울러 모든 현대 예술을 포괄하는 구조적 통일성에 대해 지적하기로 한다. (발레리의 ≪시학 입문≫과 짝을 이루는) 스트라빈스키의 ≪음악 시학≫의 주요 사상은 다음과 같다. 모든 예술적 작업은 시학, 즉 제작에 관한 지식의 '밝은 빛' 속에서 수행되어야 한다. 예술가는 제작하는 인간(homo faber)의 최고의 유형이다. 그의 신은 디오니소스가 아니라 아폴로다.

영감은 이차적인 지위를 가질 뿐이다.

현대성과 그 문학적 유산에 대한 두 가지 입장

보들레르 이후 시는 기술과 문명의 현대성으로 시선을 돌렸다. 아폴리네르는 기계 문명의 극도로 실제적인 세계와 부조리한 꿈의 영상들을 서로 혼합시켰다. 기계에 마법이 부여된다. 이따금 기계는 종교적 존엄성을 획득하기도 한다. 그러나 이러한 시도의 결과는 불협화다. 아폴리네르의 ≪알코올≫(1913)의 웅대한 도입부의 시 < 빈민 구역(Zone) >에서 격납고와 교회는 동일시되어 있고 그리스도는 고도 기록에 도전하는 '최초의 비행사'다. 이것의 변이체라 할 수 있는 프레베르(J. Prévert)의 시 < 천사와의 싸움 >도 마찬가지다. 천사와의 전투는 마그네슘 불빛 아래서 벌어지는 권투 시합이며, 패배한 자는 톱밥 위에 주저앉는다.

기술과 대도시 대중의 생활 내용들은 유혹적인 만큼이나 고통스럽고, 새로운 자극제가 되긴 하지만, 또한 황폐라는 새로운 경험들을 초래하는 것처럼 보인다. 왜냐하면 시는 이러한 이중적 방식으로 기술 문명에 반응하기 때문이다. 이것은 쉽사리 해결할 수 없는 현상이다. 시를 관통하는 것은 계획, 시계, 집단의 강요에 지배되고 '제2차 산업혁명'과 더불어 인간을 최소한으로 축소시켜 버리는 시대의 부자유로부터 오는 고통이다. 자신의 고유한 장치들, 자신의 힘의 산물들이 인간을 퇴위시킨다. 우주 폭발의 이론과 수십 억 광년이란 개념이 인간을 미미한 우연의 존재로 만들어버리며, 이따금 묘사의 대상이 되기도 한다. 그러나 그러한 경험과 현대시의 일정한 특질 사이에는 연관이 있는 것처럼 보인다. 비실제적인 것에로의 돌진, 일상적인 것과 멀리 떨어져 점화하는 상상력, 고의적인 신비성, 언어의 빗장, 이것들 모두는 기술화되고 제국주의화된 상업시대에 있어서 스스로 자유를 유지하고 세계에 '과학의 놀라움'과는 다른 불가사의함을 부여하려는 현대적 정신의 시도로서 파악될 수 있을 것이다.

하지만 시대의 경향에 맞서서 극단적인 자유를 주장하는 이러한 시는 또한 그 시대로부터 영향을 받을 수밖에 없다. 작업의 냉정함, 실험에의 경향, 심정의 냉혹함, 이러한 특징들은 직접적으로 작용하는 '시대정신'이다. 현대시는 별, 바다, 바람과 같은 시적인 원형상들이 전문 과학의 기술, 그리고 용어들의 조직체와 서로 혼용되는 '종합시'를 추구한다. "나는 기계 오일의 두터운 얼룩을 본다. 그리고 오랫동안 나의 어머니의 피를 생각한다"라고 주브의 시구들은 말한다.

이탈리아인 카르다렐리(Cardarelli)에게 있어서 임종 전의 시간은 마치 우리가 그것을 보고 분(分)을 헤아리는 정거장 시계 아래에서의 기다림과 같다. 엘리엇과 생존 페르스의 시들에서는 그러한 각성 상태가 불협화를 상실함 없이 노래로 불린다. 그러나 또 다른 점이 고려되어야 한다. 랭보, 그리고 말라르메의 경우와 같이 현시대의 시는 이따금 자기 자신에게로 손을 뻗치게 되었다. 이것은 아마도 현대성에 대한 가장 격렬한 극복일 것이다. 말하자면 인간이 지구 덩어리를 폭파시켜 버리는 작업에 착수했다는 사실에 대한 유추인 것이다.

탈인간화

1925년에 예술의 탈인간화에 관한 오르테가이가세트의 평론집이 출간되었다. 이 글은 현대 예술과 현대시에 대한 관찰자가 어떻게 부정의 개념을, 가치 평가적으로가 아니라 중립적으로 적용하면서, 사용해야 하는가에 대한 한 예를 보여준다. 오르테가의 상론의 배후에는, 비록 거명되지는 않았지만, 칸트와 실러의 미학으로부터의 많은 영향, 특히 무목적적인 미의 이론이 자리 잡고 있다. 글의 요지는 예술 작품에 의해 야기된 인간적 느낌은 작품의 미학적 질과는 다르다는 생각에 있다. 오르테가는 이러한 생각을 우선 모든 예술 시기에 적용하면서, 객체들을 변형시키고 탈실체화하는 모든 양식의 우월성을 선언한다. "양식화의 의미는 현실성을 일그러뜨림이다. 양식화는 탈인간화를 자체 내에 포괄한다." 우리는 여기에서 또 다시 데포르마시옹의 개념과 만난다. 위 명제는 보편적인 미학 원리를 의도하고 있지만, 데포르마시옹과 탈인간화를 끌어넣음으로 해서 특별히 현대적인 명제가 되었다. 탈인간화란 물론 '비인간화한다'는 의미가 아니다. 오르테가가 만일 이런 뜻에서 말했다면, 기엔이 자전적 서술 가운데에서 오르테가에게 적용시키고자 했던 비판(≪언어와 시문학≫)은 타당성을 얻게 될 것이다. 19세기 중엽 이래로 전개된 상황하에서 비로소 그러한 부정성으로부터의 문체 규정이 가능하게 되었던 것이다. 오르테가의 진술들도 은연중에 현대 예술에 전용되었다. 그는 현대 예술의 본질적 특성들을 유기적 구성체에 대한 가치 절하, 더 나아가 예술 작품이란 그 데포르마시옹 하는 양식의 힘들 자체에 내재하는 바로 그 의미라는 것, 그리고 이전의 예술의 열정적인 태도에 대한 반작용으로서의 자기 반어에서 본다. 그러나 가장 중요한 특성은 탈인간화다. 그것은 자연적인 감정 상태들을 배제시키고, 인간을 이제 그 가장 낮은 단계로 밀려나게 하며, 종래까지는 타당했던 사물과 인간 사이의 단계 질서를 역전시키고, 인간을 가능한 한 인간으로 보이지 않게 하는 시각에서 인간을 기술하게 한다. "현대 예술가의 미적 향유는 인간적인 것에 대한 바로 이러한 제압(=승리)에서 생겨난 것이다." 보들레르 이후 시에 대한 논술이 시의 강령 및 시 작품과 일치한다는 사실은 수긍이 간다.

그러므로 현대시에 대해 어느 곳에서 비애를, 그리고 어느 곳에서 기쁨을 나타내고 있는지 묻는 것은 무의미한 노릇이다. 물론 종종 나타나는 그러한 내용들마저도 인간의 감정보다는 오히려 정신이 더욱 심원하고 냉정하며 더욱 대담해지는 그러한 영역 속으로 휩쓸려 올라가거나 아니면 되돌아간다. 요컨대 현대시의 정신은 자신의 자유를 충분히 누리기 위해 자기 자신의 자연성을 소멸시키고, 세계로부터 추방되며, 또한 그 세계를 추방시킨다. 이것이 탈인간화의 기묘한 역설이다.

고립화와 불안

무질은 그의 한 유저에서 시인을 "세계 내에서, 그리고 인간

들 사이에서 구원할 길 없는 자아의 고독을 가장 강력하게
의식하는 인간"으로 정의한다. 이러한 사상은 이미 낭만주
의 시대로부터 있어 왔으나 계속해서 살아남아 비록 '추방
된 시인들'의 것이긴 하지만 하나의 현대적 사상으로 남아
있다. 이것은 아폴리네르의 소설 ≪살해당한 시인≫에서
찡그리고 있는 인물로 형상화되었다. 우의적이고 부조리한
줄거리는 모든 나라들이 모든 시인들에게 저지르는 살인으
로 귀결된다. 살해된 영웅에게 한 조각가가 '무(無)의 동상'
을 세워준다. 트라클의 후기시들에 대해 개인은 오직 자기
자신과의 관련 속에서만 있다고 평가한 것은 적절하다. 생
존 페르스는 한 장편시에 < 추방 > (1942)이라는 제목을 붙
이고, 그 속에서 낯선 영역을 향하여 소리치는 그의 언어를
'추방의 순수 언어'라고 칭한다. 우리가 '불안의 시대'에 살
고 있다는 것은 어느 정도 수긍되는 사실이다. 영국인 오든
(W. H. Auden)은 그의 시에다가 이러한 말들로써 표제를
붙였다(1946). 불안에 관한 온갖 성명문에서 케케묵은 언설
들이 허다하게 등장한다. 불안은, 이전에 달과 동경이 그랬
던 것과 같이, '시대의 추세에 따른' 최근의 시의 강제적 요
소를 형성하고 있다.

　무질은 앞서 인용한 시인에 대한 정의 이후에 다음과 같
은 생각을 전개시킨다. "시인은 우정과 사랑 속에서도 모든

존재를 다른 것으로부터 멀어지게 하는 혐오감의 입김을 느낀다." 인간적인 친밀성이 실제로는 소원한 것이라는 생각은 오늘날의 시의 빈번한 테마를 이루고 있다.

카프카의 우화 ≪이웃 마을≫에서 한 노인이 말한다. "나는 한 젊은이가 이웃 마을로 말을 달리려고 결심한 것을 이해하기 어렵다. 말을 타고 그렇게 달리기에는 이미 일상적으로 행복하게 진행되는 생의 기간이 결코 충분치 않은데 말이다." 우화는 현대시의 근원적 상황을 진술하고 있다. 바로 가까운 곳에 있는 목표에 도달치 못함. 가르시아 로르카의 시 < 말 탄 기사의 노래 > 를 예로 들어보자. 기사는 물론 그의 목표지인 코르도바 시로 가는 길을 알고 있다. 그러나 그는 거기에 결코 도달하지 못한다는 사실도 안다. 코르도바의 탑들로부터 죽음이 그를 응시하고 있는 것이다. 그는 고향에 돌아오는 것이 아니라 광막하고 바람 드센 평원 위에서 죽음에로 돌아온다. 가르시아 로르카의 ≪말 탄 기사의 노래≫는 결코 불가능한 귀향의 시다. 왜냐하면 미지의 금령이 가까이 있는 고향에 도달할 수 없게 하기 때문이다.

언어 마술과 암시

현대시는 랭보와 말라르메 이래로 점점 더 언어 마술이 되었다. 이것이 뜻하는 바는 이미 앞에서 해명되었다. 20세기의 시 이론들에서 시의 영향 문제가 관련되는 순간에는 언제나 암시의 개념이 제기된다. 베르그송은 ≪의식에 직접적으로 주어진 것(Les données immédiates de la conscience)≫(1889)에서 이 개념을 자신의 예술론의 필수적인 구성 요소로 만들었다. 암시의 개념은 화가와 음악가들에게서도 볼 수 있다. 암시란 지적으로 통제되는 시가 마술적인 정신의 힘과 빛을 방출하는 순간이다. 이때 독자는 아무것도 '이해'하지는 못하더라도 거기에서 벗어날 수는 없다. 이러한 암시적인 방출은 주로 언어의 감각적인 힘들인 리듬, 음향, 조성(調性)으로부터 온다. 이것들은 우리가 의미론에 있어서 상위 음향들이라고 부를 수 있는 것, 다시 말해 한 낱말의 가장자리에 위치하거나 아니면 낱말들의 비정상적 결합에 의해 생기는 의미와 더불어 작용한다. 언어 마술적, 암시적 창작은 말에다가 전권을 부여한다. 이러한 창작에 있어서는 세계가 아니라 말이 유일하게 실재하는 것이다. 그러므로 현대의 시인들은 거듭해서 강조한다. 시는 의미하는 것이 아니라 존재하는 것이라고. 순수시에 대한 많은 논의들은 이러한 생각 주위를 맴돌고 있다.

포에게서 비롯된 원리, 즉 시는 의미에 앞서는 음향의 힘을 바탕으로 기획되어야 하며 그 후에야 비로소─ 언제나 부차적으로 머무는─ 의미를 부가해야 한다는 원리는 계속해서 유효하다. 벤은 말한다. "시는 시작하기도 전에 이미 완성된다. 작가는 그의 텍스트를 아직 모를 뿐이다." 놀랄 만큼 노발리스의 문장을 연상시키는 구절에서 그는 말한다. "언어상의 초월들만 존재한다, 수학의 명제들과 예술로서의 말." 벤 자신의 시가 말의 주도권, 특히 아주 무의미한 내용들조차도 시로 만들 수 있는 음향의 우월성이라는 원리를 인식시켜 준다. 그의 시 < 쇼팽 > (574, III/188쪽)은 음향으로 쓴 전기다. 그 내용들은 사건의 경과, 성찰, 내적 독백들로 구성된 암시적 파편들이며, 파편적 문장들로 진술되어 있다. 진행은 태어나서 죽기까지 시간적 순서가 아니라, 그 역순의 길을 간다. 그랜드 피아노들의 이름들이 삽입되고, 사례금에 대한 이야기, 어떤 주소와 쇼팽의 연주 기법에 대한 상세한 진술들이 들리며, 또한 의사의 처방이 언급된다 ('출혈이 있고 반흔이 형성되었다는'). 그러나 냉정한 사실적 진술을 관통하는 것은 떨림이다. 이 떨림은 파편과 조각들에 의해 생명을 얻는 만큼 그것들을 소재로 지치도록 연주한다. 그 결과 우리는 그 시를 결코 잊을 수 없게 된다. 이것은 전래의 시의 모티프들에 대한 단념이 시의 본질을 파괴함 없이 얼마만큼 광범하게 실행될 수 있는가를 보여준다. 산문에 매우 가까이 접근하는 것처럼 보임에도 불구하고 시는 오히려 스스럼없이 하나의 새롭고, 명상적인 음향이 된다.

폴 발레리

언어의 고유한 힘과 시의 관계에 대해서는 말라르메의 이념들을 해명하고 발전시킨 발레리가 아마도 가장 철저하게 사색했을 것이다. 종종 표현되고 있는 그의 생각들 중의 하나는 종래에 마술의 주문과 주술 문구들이 그것으로부터 제작되었고 앞으로도 계속 제작될 언어의 시원층(始原層)으로 시가 진입해 들어가야 한다는 것이다. 더 나아가서 시는 변화무쌍한 의미 영역들과 마찬가지로 변화무쌍한 음향효과들 사이의 결합을 끈질기게 시도하여, 수학 공식과 같은 필연성을 가지는 하나의 결합을 이루어내야 한다. 그러한 시에서 상(喪)을 치르는 것이 '의미'라는 사실은 자명하다. 어떠한 순수 의미라 할지라도 그 혼자만으로는 시의 전체성을 대표할 수 없다는 것은 모든 시에 있어서 타당하다. 그러므로 발레리는 여러 가지 해석이 가능하도록 시를 쓴다. <발걸음(Les Pas)>과 같은 시는 섬세한 사랑의 장면을 의도한 것처럼 보인다. 릴케의 번역에서는 그러한 효과만이 드러난다. 하지만 이 시는 다른 요소들, 말하자면 뮤즈의 도래보다는 그 기다림에서 더 큰 축복을 보는 창작 자체의 정신적 풍경이 스며들게 하는 어법으로 진술하고 있다. 두 가지 해석이 다 가능하다. 그들 중의 하나도 배제되어서는 안 된다. 만일 그렇게 되면 시가 예술성 가득히 그 속으로 잠겨 들어갔던 여명이 사라져버릴 것이기 때문이다.

발레리의 생각에는 단호한 인식 허무주의가 그 바탕에 깔려 있다. 여기에서는 그 면모를 잠시 일별할 수밖에 없다. 어떠한 인식도 불가능하기 때문에 시어는 그 창작품들을 무(無) 속으로 투사시키는 완전한 자유를 가진다. 발레리는 그러한 창작품들을 '신화들'이라고 부르면서 다음과 같이 정의한다. "신화는 존재하지는 않으나 오직 말로 인해 거기에 현존하는 모든 것에 대한 명칭이다." 그러나 말은 "스스로를 무 속에서 복수화(複數化)시키려는 정신의 수단이다".

우연과 임의의 방식으로만 존재하는 실재성에 대항하여, 시는 발레리가 이제 '꿈'의 개념과 동일시하는 저 비실재성에 이르는 지속적인 변형을 완수한다. 정신은 시 창작에서 자신의 힘을 발견하고 그것을 완성시킨다. 엄격한 형식이 자신에게 가해오는 저항을 극복하면서. 창작 행위만이 필연성을 가지며, 이로써 정신은 우연에 맡겨진 현실보다 우위에 선다. 우리는 이 모든 것이 말라르메의 사고 과정과 얼마나 가까운 것인지, 그리고 이 20세기의 가장 위대한 프랑스 시인이 세계가 아닌 언어와 '꿈'을 고향으로 하는 순수한 (개인적이 아닌) 주관성의 관점에서 시를 얼마나 열렬하게 옹호하는가를 알게 된다. 이러한 시는 현실의 보잘것없음 속에서뿐 아니라 초월의 무(無) 속에서도 자신에 의해서만 도달 가능한 완전성, 즉 예술적 완전성의 조건을 인식하는 회의에 찬 명석한 시각을 가지고 있다.

비논리시

말라르메의 유산을 물려받은 이러한 시와 극단적인 대조를 보이는 것은 반의식 상태 및 무의식 상태로부터 유래하거나 유래하고자 하는 비논리적, 몽유병적, 환각적 내용들의 시다. 이것은 랭보와 로트레아몽, 게다가 신비주의, 연금술과 카발라(중세에 생겼던 유태의 전설적 비교(秘敎)]를 그 근거로 끌어댄다. 비논리시는 꿈의 시이고자 한다. 여기에서 꿈은 심리학적 의미에서 수면 중의 꿈이나 인공적으로 (약물에 의한) 야기한 백일몽을 말한다. 이것은 특히 현대의 로망스어 언어 관용에 있어서 창작적 상상력을 의미하는 시적인 꿈과는 차이가 있다. 이 두 꿈의 능력을 구분하는 경계선은 유동적이다. 특히 그 예술적 침전물에 있어서. 이것은 심리적 원리와 미적 원리 사이의 경계선이다. 하지만 이 두 원리는 현실로부터 해방된 주관성의 정당화에 있어서, 그리고 인간이 그 꿈의 능력 때문에 세계의 주인이라고 선언한 점에서 서로 일치한다.

　비논리시는 지적인 시와 마찬가지로 비실재적인 이미지 상상력을 이용하며, 수면 중의 꿈이나 백일몽의 심층들로부터 무질서한 내용들을 그대로 받아들인다. '뇌수를 가진 괴물'(A. 브르통)인 인간에 대하여, 비논리시는 인간을 그 전(前) 인간적, 익명적 심층 토대에서 작용하는 힘과 동일하게 취급한다. 인간의 힘은 상실되는 것이 아니라 다른 식으로 입증될 뿐이다. 비논리시의 한 이론가가 '정신의 독재'라는 말을 자랑스럽게 사용하는 것은 주목할 만하다(T. 차라). 이 말에서 무게중심은 '독재'에 실려 있다. 여기에서 그러나 '정신'은 비논리적 심층들을 지배하거나 그것들에게 지배를 허락하고자 하며, 이로써 독재를 더욱더 강력하게 만든다. 우리는 이것을 이미 랭보에게서 보았다. 그리고 그동안에 프로이트와 융의 이론들이 영향을 주었던 것이다. 후자는 시를 어두운 '원(原)환영(Urvision)'들의 충동으로부터 해석한다. 시인은 집단적 무의식의 자료들을 자기 자신을 통하여 흘러가게 하는 말하자면 원환영들의 매개체에 지나지 않는다. 그러므로 형상화는 부수적인 것일 뿐이다. 이러한 견해는 초현실주의자들에게 상당한 영향을 미쳤다.

초현실주의자들의 직접적인 선구자는 아폴리네르다. '초현실주의'라는 말도 그로부터 유래한 것이다. 1908년 그는 산문시 < 해몽(Onirocritique) > 을 발표했다. 이 제목은 (프랑스어에서는 다의적인) 꿈의 개념을 하나의 학술 용어로 정립시켰는데, 추측건대 고대 후기 아르테미도로스(기원후 2세기)의 해몽서 ≪오네이로크리티카(Oneirokritika)≫를 표본으로 한 것 같다. 텍스트의 몇 구절을 인용해 보긴 하지만, 그 성격상 우리가 선택한 구절들도 나머지의 배제된 부분과 마찬가지로 임의적일 수밖에 없다. "하늘의 석탄들은 매우 가까이 있어서 그 냄새를 맡게 될까 두려웠다. 어울리지 않는 두 동물이 교미를 했고, 장미 나무의 어린 가지들은 달[月]들의 다발로 무겁게 드리워진 포도 넝쿨에 덮인 정자들이 되었다. 원숭이의 목구멍으로부터 불꽃이 쏟아져 나와 세상을 백합들로 장식했다. 군주들은 흥겨워했다. 20명의 눈먼 재단사들이 왔다. 저녁 무렵 나무들이 날아가 버렸고, 나는 100배가 되었다. 원래 나 자신이었던 무리가 바닷

159

가에 앉았다. 칼이 나의 목마름을 진정시켜 주었다. 100명의 수부들이 나를 99번 살해했다. 포도 압착기에 눌린 주민 전체가 노래하며 피를 흘렸다. 불규칙한 그림자들이 돛들의 진홍빛을 사랑하면서 어둡게 만들었다. 그동안 나의 눈은 강물 속에서, 도시들 속에서, 그리고 산맥의 눈 위에서 증대되어 퍼져나갔다."

감식안이 있는 자라면 랭보의 목소리를 간파하고, 그의 창작 방식을 다시 인식할 것이다. 이 작품은 마치 < 일뤼미나시옹 > 에 부가시킨 위작인 것 같은 인상을 준다. 연속적으로 이어지는 설화체 문장 속에서 서로 간에 아무런 연관이 없고 또한 다른 순서로 배치될 수도 있는 비실재적 이미지들과 사건의 조각들이 나열된다. 개별적인 사건들 사이에 도대체 결합이란 게 있다면 그것은 마치 꿈속에서와 같은 (머리로부터 진주가 생겨나고, 음향들로부터 뱀들이 생겨나는) 부조리한 변형의 그것이다. 개별적인 인간들이 아니라, 언제나 인간 집단만이 나타난다. 진술 방식과 마찬가지로 이미지들도 꿈에 접근해 있다. 그러나 그것은 정신이상자, 추한 자, 인상 찌푸림 및 살인과 같은 꿈의 세계다. 실험적인 꿈의 문체(양식)에서뿐 아니라 바로 이 점에서 이 텍스트의 현대적인 징후를 볼 수 있는 것이다.

20년대 이래의 초현실주의자들의 작품과 비교할 때 그

들의 선구자인 아폴리네르는 그들 중에서 언제나 가장 기지에 찬 시인이었다. 초현실주의자들은 랭보 이래 도입되었던 창작 방식을 반(半)학문적인 도구를 가지고서 입증하는 자신들의 강령들을 통해서만 주목을 받았다. 인간은 무의식의 혼돈 속에서 자신의 경험을 무한의 영역으로 확장할 수 있다는 확신. '초현실'의 창출에 있어서 정신병자가 시인 못지않게 '천재적'이라는 확신. 시를 무의식으로부터의 비정형적(非定型的) 구술로 보는 견해. 이것들이 그 강령들에 포함된다. 이 강령들은 '억지로 부수어 여는 것(Erbrechen)'을 창작과 혼동한다. 가치 있는 시는 그러한 방식에 의해서는 생겨나지 않았다. 아라공이나 엘뤼아르 같이 흔히들 초현실주의자의 반열에 오르는 훌륭한 자질의 시인들의 시는 그러한 강령이 아니라 랭보 이래로 시를 비논리성의 언어로 만들었던 보편적인 문체 경향에 힘입은 것이다. 초현실주의는 원인이 아니라 결과이며, '신비를 향한 현대적 동경'(J. 그라크)의 많은 형식들 중 하나다.

그러므로 이탈리아의 미래주의와 독일의 표현주의는 영향 관계를 고려할 필요도 없는 각각의 토착적인 현상으로도 이해될 수 있다. 그들의 언어 폭발, '현실성 파괴', 몽유증, 몰락하는 도시들, 그로테스크한 익살, 이 모든 것들은 수십 년 전 프랑스에서 시작되었고 다른 나라들에서도 나타났던 저 문체 구조의 존재를 입증하고 있다.

　　꿈과 같은 몽유병적 여명 속으로 시가 진입해 들어간 것
은 유럽 도처의 현상이다. 이전 낭만주의의 꿈의 시와는 달
리 이러한 시는 깨어 있는 세계의 일부 잔재들이 그 위에서
최후의 발판을 만들 수도 있었던 문지방을 넘어가서 더욱
깊숙한 곳에로 도달한다. 벤의 시 < 꿈 > 은 순수한 꿈의 멜
로디다. 낯선 이름들이 비틀대며 지나가고, 비현실적으로
결합된 형상들이 떠돌며, 해체되고, 스쳐 지나간다. '거명된
꽃들의 자기 자신을 탐하는 향기', '여명 속으로 머리를 높이
치켜든 채, 그 형상을 거의 알아볼 수 없는, 무릎을 꿇은 부
인네들'. 꿈에 대하여 말하고 있는 바로 그것이 시다. "꿈속
의 이름들은 지상의 그 무엇과도 연결되지 않는다… 이 꿈
의 세계들은 동시적이며, 또한 마찬가지로 하나의 공간을
이룬다. 그것들은 나부끼고, 추락한다."

부조리: 유머 문체

현대의 꿈의 시는 온갖 불협화음으로 가득한 부조리가 되려
고 한다. 이미 보들레르는 부조리를 창안하는 꿈의 능력을
찬탄했다. 왜냐하면 부조리 또한 해방된 주관성의 승리를

뜻하기 때문이라는 것이다. 1939년 엘뤼아르는, 한때의 랭보처럼, '논리를 혼란에 빠뜨려 부조리에 이르도록 할 것'을 시로부터 요구했다. 브르통은 이보다 더 나아가서 부조리에 의해서만 시가 생겨날 수 있다고 선언했다. 스페인에서는 최소한 40년대 말까지 초현실주의에 접근해 있던 알렉산드르의 시가 여기에 화답했다. 운율상으로는 자유 형식, 아니 무형식이며, 구문상으로는 거의 포착할 수 없는 다의성을 보이는 알렉산드르의 시들은 자연이나 논리의 관점에서는 서로 연관될 수도 없고 또한 그런 시도의 대상조차도 되지 않는 것들을 의도적으로 일탈시켜 병치시킨다. 물론 '부조리의 시'라는 명칭으로는 이러한 창작 방식에 따른 시의 전 영역을 포괄하지는 못한다. 그럼에도 불구하고 부조리 시는 끈덕지게 자신을 주장하며 우리 또한 그것을 피해가려 하지 않는다. 하지만 여기에서 부조리란 무슨 의미인가? 그것은 알렉산드르가 외부와 내부세계의 잔재적 속성들을 밀쳐내 버리고, 의역(意譯)적인 포착이 결코 아닌 단지 연상적 추측에 근거하는 요소들과 과정들로부터 이러한 세계들 각각을 구성하려는 자의성의 결과일 수도 있다. 아마도 알렉산드르의 이러한 시들에는 그 음조에 귀를 기울일 때라야 가장 빨리 깨닫게 되는 비밀스런 중심이 있는 것 같다. 물론 혼돈과의 경계선에 가까이 접근하는 경우도 빈번하다.

부조리의 범주에는 알베르티 유의 그로테스크한 시들, 그리고 프랑스에서 흔히 '블랙 유머(humor noir)'라고 불리는 모든 시 작품들이 포함된다. 이것은 어둠침침한 경악스런 유머이며, 그 언어 수단에 있어서 전체 현대시의 실험들과 전적으로 유사한 모르겐슈테른(C. Morgenstern)과 아르프(H. Arp)의 명랑한 부조리들과는 전혀 다른 것이다. '블랙 유머'에서는 빅토르 위고의 그로테스크 이론이 극단화되어 나타난다. 파편들로 일그러진 세계, 기괴함과 우스꽝스러움은 랭보 유형의 일그러뜨림 문체의 변종이다. 고메스 데 라 세르나는 그가 ≪이스모스≫에서 '유머 문체'라고 칭한 현대적 '유머'에 대한 이론을 세웠다. 이 이론과 프랑스인들의 여타 유사한 이론들에 있어서 흥미로운 것은 이들이 현대시의 커다란 특징을 이루는 데포르마시옹 문체의 모든 자질을 편입하고 있다는 사실이다. 짧게 요약하면 '유머'는 비개연성을 고안하고 분리된 시간과 사물들을 강제로 결합시키고 모든 상존하는 것을 낯설게 함으로써 현실을 파괴한다. 유머는 하늘을 찢고 '공허의 무시무시한 바다'를 보여준다. 유머는 인간과 세계 사이의 불일치이며, 비존재자(존재하지 않는 것들)의 왕이다. 우리는 그것이 현대시의 한 변이체에 다름 아님을 보게 된다.

T. S. 엘리엇

말라르메의 시학, 그리고 최종적으로 발레리의 시학에 있어서 파편 개념은 중요한 의미를 가진다. 이 개념은 가시적인 것 속에서 불가시적인 것을 최대한 예술적으로 현현시키는 것이다. 이러한 현현은 바로 그 파편적인 특성으로 인해 불가시적인 것의 우월성과 아울러 가시적인 것의 불충분성을 보여준다. 파편 문체는 현대시의 특징이 되었다. 특히 이러한 파편 문체는 실재 세계로부터 조각들을 떼어내어 그것들을 다양하게 다듬기는 하지만 그 단절면들이 서로 꼭 끼지 않게 하는 조작 방식에서 드러난다. 그러한 시들에서 실재 세계는 심한 균열들의 혼란스런 그물 무늬로 스며져 있다. 그래서 더 이상 실재적이라 할 수 없다.

여기에서 우리는 엘리엇으로 나아간다. 그의 시 작품에 대한 비평계의 해석들은 서로 일치하지 않고 있으나, 다만 한 가지 점에서는 일치한다. 특이한 요소들로 차 있는 그의 작품이 그 '음향'에 의해 마력을 행사한다는 사실. 그것은 결코 조화롭지 않은 여러 음향들의 혼합음임에도 불구하고 강력한 인상을 준다. 예측 불가능한 언어는 극히 다양하게 변조되면서 나아간다. 무미건조한 보고, 우울, 관찰, 플루트 소리와 같은 멜로디, 이따금 넘치는 열정과 다시 찾아오는 반어, 빈정댐, 나오는 대로의 대화. 이러한 다성음(多聲音)은 시들의 바탕에 너무도 깊이 자리 잡고 있기 때문에 그것이 도대체 어디에 존재하는지 아무도 말할 수 없으며, 그 어떤 정신적 혹은 영혼의 상태가 행하는 것보다 더욱 긴밀하게 그의 모든 장시들을 결합시키고 있다. 물론 다음과 같은 개별적 테마들이 드러난다. 대도시의 황무지 속에서 버림받은 인간, 허무, 시간의 역할에 대한 성찰. 그러나 이러한 테마들은 시의 주류를 이루고 있다기보다는 시 속에서 나부끼고 있을 뿐이다. 주류를 이루는 것은 엘리엇 자신이 예술적 감정이라고 칭하면서 전적으로 비개성적인 어떤 것으로 이해하려고 한 것이다. 이 예술적 감정은 천상과 지옥으로 펼쳐져 있고 < 성회(聖灰) 수요일 > 의 두 시구에서처럼 '마리아의 색들인 흰색과 청색의 옷을 입고 걸어가며, 가장 미천한 사물들에 대해서 말한다'. 감정은 '객관적인 상관물, 즉 이미지들, 인간적, 그리고 사물적인 과정들 속으로 돌입한다'. 도대체 어떤 이미지들이며, 어떤 과정들인가? 언젠가 엘리엇은 현존의 본질적인 특성은 무상성(無常性)과 극단적인 대립성이라고 말한 바 있다. 그러나 바로 이것들이 그의 시적 기법의 본질적인 특성이기도 하다. 확실히 이러한 기법은 그 복잡다단함, 모순 및 신경질적인 느낌들 때문에 포괄적이긴 하나, 암시적으로, 그리고 간접적으로만 발언하

166

며 따라서 필연적으로 어렵게 되는 시를 요구하는 현대 문명에 적합하다.

<황무지>의 처음 부분은 "왜냐하면 너는 파괴된 이미지들의 무더기만 알고 있을 뿐"으로 시작되며, 마지막 시구는 "이러한 파편들을 나의 폐허에 대항하여 세웠노라"다. 이것은 파편 문체에 대한 고백으로 이해되어도 무방하다. 파편 문체는 엘리엇 시의 법칙이다. 이것은 다음과 같은 진술들로 구성된다. 짤막한 이야기로 시작되다가, 갑자기 단절되며, 내적 독백 속에서 계속 이어지다가 아무런 연관 없이 섞여든 인용문에 의해 중단되며, 그 후에는 흐릿한 파트너들 사이에서의 대화 조각이 뒤따른다. 한 구절에서 진술된 것이 바로 다음 구절에서 허물어지거나 잊힌다. 이것은 이미지들이나 사건의 경과에 있어서도 마찬가지다. 이것들은 하나의 장소나 시간에 편입됨 없이 이질적인 유래를 가진 파편들의 몽타주다. 곰팡이가 핀 가구들, 가스 공장, 쥐들, 자동차, 런던의 안개, 마른 잎, 그리고 다시 요정, 예언자 타이레시아스, 귀금속, 그리고 또한 스미르나에서 온 수염 기른 상인, 이 모든 것들이 뒤죽박죽 섞여 있다. 급사장과 나란히 아가멤논에 대한 회상이 갑자기 떠오른다. 플레이트 강은 신성한 심장이며, 문화 공간들은 동시에 뒤섞인다.

<네 개의 사중주(Four Quartets)>에서 엘리엇은 11월

167

의 어떤 날에 대한 묘사로 시작하다가 갑자기 중단한다. "그것은 충분히 만족스런 서술은 아니었다." 그러고 나서 동일한 모티프가 전혀 다른 문투로 계속되다가, 갑자기 다른 내용이 생겨나는데, 이것은 로트레아몽에게서 유래한 방식이다. 같은 텍스트에서 '이스트 코커(East Coker) 지역'의 두 번째 절은 선언적인 시구로써 종결된다. "겸손의 지혜, 겸손은 끝이 없다." 이어서, 아무런 연관성 없이, 두 이미지가 나타난다. "모든 집들이 바다에서 사라졌다. 모든 춤추는 자들이 언덕에서 사라졌다." 결론부는 앞의 선언 내용과 두 사실적 사건 사이의 내밀한 연관을 의도하는 듯이 보인다(두 사건에 나타나는 집들과 춤추는 자들에 대해서는 훨씬 앞의 구절에서 이미 언급되었다). 그러나 연관의 가능성은 사유와 사건의 냉정하고, 무연관적인 병치에 의해서만 표현된다. 말하자면 연관은 무연관성의 수단에 의해서 암시되고 있는 것이다.

그 모든 것은 어떠한 세계인가? <황무지>에는 여러 차례에 걸쳐 '비현실적인'이라는 말이 등장한다. <성회 수요일>에서 우리는 '고귀한 꿈속에서의 풀리지 않는 환영'과 '들리지 않는 말'이라는 구절을 듣는데, 이것들은 서로 연결되어 있다. 이 시는 스스로의 행위를 인식한다. '꿈'의 조작력에 의해서 시는 세계를 파괴하고, 비현실적인 것에로 밀어 넣는다. 세계가 현실적인 한 세계 자체로부터는 결코 방출되지 않는 비밀들을 세계 속으로 비추어주기 위해서. 언어의 마적인 다성음은 진술 불가능한 것 가까이로 접근하며, 들을 수 없는 꿈의 음악을 오직 파편화된 말들을 통해서 낚아챈다.

생존 페르스

우리는 앞에서 랭보 시의 감각적 비실재성이라는 말을 사용했다. 이 개념은 생존 페르스의 시에도 유효한 것으로 보인다. 그의 시를 내용상으로 이해하기란 거의 불가능하다. 찬가나 찬미가 비슷한 장시들이 독자에게 마치 우주의 대물결인 양 쏟아진다. 그 기법과 열정에 있어서 월터 휘트먼을 연상시키는 생존 페르스는 자기 시들을 대양의 물결과 비교한다. 주문과 같은 시구들이 장엄하게 울리면서 지나가고, 독자의 상상력을 자극하는 동시에 혼란시키는 새로운 이미지들이 조밀하게 전개된다. 이미지들 중의 그 어느 것도 가라앉지 않는다. 영혼과 세계를 포괄하는 만유가 끓어오르는 거품 속에서 물결친다. 그것은 낯선 만유, '추방의 우주'로서 그 실재성을 굳이 들자면, 미지의, 특별난, 이방의 나라들에서 온, 사라져버린 문화이자 진기한 신화들이다. 동방 종교의 비결문(秘訣文), 아울러 호메로스, 핀다로스와 그리스의 비극 작가들에 대한 연상이 일깨워진다.

생존 페르스의 특징 중의 하나는 상상력의 산물 가운데에 구체적인 사실들을 끼워 넣긴 하지만, 그것들은 아주 먼 곳에서 와서 비정상적으로, 그리고 순간적으로 진술되었기 때문에 그 실재 가치는 더 이상 감지될 수 없고 '어떠한 해변에도 정착하지 못하는 노래'의 멜로디가 된다는 사실이다. 무한자를 향한 현기증 이는 손 뻗침은 감각적이고 세밀한 부분들, 특히 동물적인 후각의 영역에 속하는 부분들에 대한 엄밀한 진술들과 날카로운 대조를 보인다. 그러나 이러한 세밀한 부분들도 신비화되어 이를테면 프랑스인 독자조차도 전문용어 사전을 참조해야만 이해할 수 있는 항해, 사냥, 식물학, 의학의 특수한 어휘들이 사용되어 있다. 게다가 이국 악기가 내는 음향과 같은 단어들도 나타난다. 세밀한 부분들과 무형체의 무한성 사이에서, 사물과 풍경, 그리고 상황의 전체성은 상실된다. < 찬사(Eloges) > 의 한 구절을 요약해 보자. 누른 손 아래의 이마, '색채의 바다를 통하여 던져진 화살들'에 대한 기억. 선창가의 음악배들, 푸른 목재의 산, '도대체 배들은 무엇이 되었나? 찬미가!', 이어서 '신뢰할 수 있는, 그리고 보이지 않는 여행의 시련을 거친, 마치 정원들 위의 하늘처럼 한 단 한 단 높여진 바다가 황금의 과일들, 보랏빛 물고기들과 새들로 불룩하게 솟아올랐다'. 향기들은 장엄한 천상으로 올라가고 '나의 아버지의 정원에 있는 계피 나무 덕분에 하나의 혼란에 찬 세계가 비틀거렸다. 비늘과 갑옷 속에서 휘황찬란하게 빛나며'.

혼란에 찬 세계. 그 속에서 사는 인간은 모든 시대와 공간을 누비는 모험가이며, 전인미답의 곳으로 돌진하는 군주이자 알렉산드로스다. 그러므로 그의 시의 하나에는 알렉산드로스의 출정이라는 표제가 붙었다. 정복자는 기존의 모든 것을 파괴해야 한다. 강렬한 느낌을 주는 <비(Pluies)>의 한 구절. "정직한 인간의 눈에서 얼룩을, 칭송받을 인간, 재능 있는 인간의 얼룩을 씻어내 버려라. 민족들의 역사, 거대한 연감(年鑑)과 연대기를 지워버려라, 회상의 잔치들을 지워라, 인간의 마음속에서 인간의 가장 아름다운 말들을 지워라…" 왜냐하면 정복자는 더 이상 '포도주와 인간들의 눈물에 의해서 더럽혀질' 수 없기 때문이다. 그의 목표는 어디에 있는가? 생존 페르스는 아무런 대답도 주지 않는다. 오직 고향 없음으로의 돌발적인 출발. '탄생지로부터 점점 더 멀어짐', 그리고 '결코 기록되지 않은 시'라는 말을 할 뿐이다. 이것은 전적으로 랭보의 도식이다. 미지로의 출발을 위해 친숙한 것을 파괴함. 그러나 미지 앞에서 언어는 거부한다.

언어는 침묵이나 광기에 가까이 접근해 있는 말들의 심층으로부터 낯설게 울릴 뿐이다.

그리고 랭보의 경우에서와 같이 여기에서도 사물적인 특질을 갖고 있지만 어떠한 현실에도 속하지 않는 이미지들이 열정적으로 창출된다. 소수의 예를 인용하는 것으로 족하리라. '메두사의 경련 안의 바다', '태풍의 검은 양모', '한 나무의 녹색 해면으로부터 하늘이 보라색 즙을 빨아들인다', 아침 하늘을 바라보는 한 사람이 '자신의 턱을 마지막 별 위에 괴고 있다', '소금의 바삭거림, 생석회의 우유 속에 있는 정신의 흑사병', '소금의 빙산에 걸려 있는 수학'.

모든 이미지의 구성 성분들은 감각적이다. 그러나 이미지들 자체는 결합할 수 없는 것의 결합에 의해서 비실재적이 되며, 이는 곧 감각적인 비실재성이다. 생존 페르스가 그의 이미지들에 '소금'을 그토록 자주 섞는다는 것은 주목할 만하다. 랭보도 그랬던 것이다. 이것은 우리가 엘뤼아르와 피카소에서 발견했던바, 저 로트레아몽의 '톱'과 같이 구조적으로 강제 지어진 것인가? 이 '소금'이 유황, 그리고 수은과 나란히 자연의 시원 원소로 여겨졌던 연금술 이론에서 유래한 것이라면 이러한 강제가 입증될 수도 있으리라.

생존 페르스는 엘리엇에 의해 영어로, 웅가레티에 의해 이탈리아어로 번역되었으며 스페인 시인 기옌은 그를 높이

172

평가했다. 1929년 호프만슈탈은 <알렉산더의 출정>에 대한 서언을 몇 페이지나 썼다. 거기에서 그는 말라르메, 발레리와 생존 페르스를 언어에 헌신한 '창조적 개인들'로 거명하고 있다. 그리고 탁월한 논평이 이에 뒤따른다. "이것은 무의식을 향한 라틴적인 근접이었다. 이러한 근접은 게르만적 정신의 반(半)몽환적인 자기 탐닉에 의해서가 아니라 대상들을 뒤흔들고, 질서를 파괴함으로써 일어난다. 말과 리듬의 마술을 통한 모호하고 강력한 자기도취 속에서."

전제적 상상력

호프만슈탈은 이 시인들을 '창조적 개인들'이라고 칭한다. 여기에서 우리는 다시 랭보와 관련하여 사용했던 전제적 상상력의 개념과 만난다. 왜냐하면 20세기의 시에서도 전제적 상상력은 실재 세계에 대한 모든 변형과 파괴의 원천이기 때문이다. 그 변형과 파괴의 정도가 대단하기 때문에 전제적 상상력에 의해 생겨난 산물들은 현실성과 인간적 규범의 인식에 도움을 줄 수 있을 뿐 완결된 인식을 제공할 수는 없다. 시는 이미 '그것이다(es ist)'와 '그렇게 보인다(es sch- eint)' 사이의 구분을 없애버렸으며 소재들을 창작 정신에 종속시

컸다. 그러나 그 현대성은 창작적 상상력과 자력적 언어로부터 생겨난 세계가 현실 세계의 적이라는 사실에 있다. 상상력은 해체와 데포르마시옹으로써 시작되고 자신의 법칙에 따라 새로운 결합으로 나아가게 된다는 저 보들레르의 명제는 20세기의 시들에서뿐 아니라 시인들 자신, 그리고 조형 예술가들의 진술에서도 입증된다. 특이한 것은 공격적이거나 부정적인 어법들이 끊임없이 부각된다는 점이다.

가르시아 로르카가 히메네스에 대해 지은 시에 "그의 상상력은 얼마나 순수하고 위대한 상처를 무한의 백색 속에 남겼던가!"라는 구절이 있다. 오르테가이가세트가 말한다. "시적 영혼은 자연적 사물을 공격하여, 상처 입히거나 살해한다." 디에고는 시를 우리가 결코 보지 못할 그 어떤 것의 창출이라고 부른다. 프루스트가 말한다. "예술가는 그 조건 하에서 원자 결합이 해체되고 완전히 다른 결합을 이루게 되는 저 온도처럼 작용한다." 벤은 서양적 정신이란 말을 사용하면서 예술도 거기에 함축시킨다. "생과 자연의 해체, 인간적 법칙에 따른 새로운 정립." 피카소는 회화를 장님들의 수공업이라고 칭하며 그것으로써 모든 사실적 관점으로부터 벗어난 예술의 자유를 의도한다. 18세기 이래로 개척되었던 상상력의 힘은 20세기에 들어와 거의 최종적인 완결을 보았다. 또한 시도 거의 독점적으로 상상력으로부터 산출된, 현실 초월적 혹은 현실 소멸적인 세계 언어가 되었다.

혼효의 기법과 은유들

랭보에게서 우리는 혼효의 기법이라고 칭했던 작시법을 처음으로 관찰할 수 있었다. 20세기의 시도 이것을 사용했다. 릴케의 후기 시 <비둘기들>에서는 동물과 연관된 – 이미 극도로 추상화된 – 낱말과 나란하게 전혀 다른 낱말들이 나타난다. 현들의 빛, 연기, 사랑의 희생물, 희사, 그릇, 목사. 하지만 이것들은 비유나 은유가 아니다. 이것들은 비둘기들의 출현에다가 또 다른 영역(희생 의식)을 뒤섞어 넣은 것이다. 가르시아 로르카의 시 한 구절. "검은 말들이 기타의 깊은 길들을 통하여 간다" 같은 시인의 한 시는 독자적인 제목을 가진 11개의 부분으로 이루어져 있으며 그 전체 표제는 <시계들의 숲>이다. 이 시는 우선 완전한 은유처럼 보인다(시계들의 은유로서의 숲 혹은 그 역). 하지만 시계들과 숲은 완전히 뒤섞여 있으며, 그 와중에 은유의 영역(숲)은 시계들과 마찬가지의 구상성을 획득한다. '재깍거리는 나뭇잎들', '종들의 다발', '어지러운 전체 숲은 희망을 위한 소리내는 그물을 만드는 거대한 거미다'(415/562쪽 이하). 이러

175

한 기법의 대가가 디에고다. 그의 시 < 선잠(Insomino) > 에서 잠 못 드는 남자가 잠자는 여자에게 말을 건넨다. 그러는 중에 잠든 여자와 바다는 비실재적 통일을 이룬다. 이 통일은 또한 화자를 자신 속에 받아들인다. 말하자면 바다와 관련된 표상들의 범주에 속하는 섬이나 절벽 같은 낱말을 그에게 덮어씌운다. 또 다른 시 < 계속(Sucesiva) > 에서는 물과 인간 형상이 완전히 유동적으로 뒤섞여 있다. 그럼에도 우리는 더 이상 은유란 말을 할 수 없다. 은유에 있어서는 가능했던 비교가 절대적인 동일시 앞에서는 사라져버렸다.

현대시에 있어서는 은유의 오래된 기능들 중의 하나였던 '비교'조차도 그 본질에 있어서 심원한 변화를 겪게 되었다. 그 소리와 형상에 있어서 비교 가능했던 것들이 완전히 별개의 것이 되었다. 은유는 현대시의 무제한적인 상상력을 위한 가장 유용한 보조적 문체 수단이 된다. 예전부터 은유는 세계의 시적 변형에 이바지해 왔다. 언젠가 오르테가이가세트는 그것을 비유적인 방식으로 표현했다. "은유는 인간이 소유한 가장 위대한 힘이다. 그것은 마술에 근접한 것이며, 신이 그 피조물 속에 잊어버리고 내버려 둔 창조의 도구 같은 것이다. 마치 산만한 외과 의사가 수술 환자의 몸속에 내버려 둔 기구와 마찬가지로."

하지만 이러한 통찰에는 예나 지금이나 다음과 같은 견

해가 장애가 된다. 즉 은유란 아직 보이지는 않았지만 존재하는 두 대상 사이의 유사성의 발견을 염두에 두며, 따라서 진실에 가까운 지위를 가지게 되긴 하지만 비본래적인 기호(그것과 나란히 본래적인 기호가 존재할지도 모르는)라는 것이다. 은유적 언어의 온건한 예들에 있어서는 이러한 견해도 타당하다. 하지만 시의 영역에 더 깊이 들어가면 갈수록 이러한 견해는 더욱더 타당성을 잃게 된다. 이미 바로크 문학에 있어서, 그리고 또한 현대시에 있어서 이러한 견해는 거의 타당하지 않다. 왜냐하면 현대시는 은유를 통해 하나의 대상에 유사성을 환기시키는 것이 아니라 서로 떨어지려는 것을 강제로 결합시키기 때문이다. 현대적 은유는 그 지절(支節)들의 상이성으로부터 통일(언어적 실험 속에서만 도달할 수 있는)에로 나아가는 거대한 비약을 하는바, 그것도 가능한 한 극단적인 상이성으로부터의 통일을 원하면서, 그 자체로 인식하고 동시에 지양시키는 것이다. 하나의 시는 그 자체로 이미 독자적인 하나의 이미지 영역에서 움직이며, 그 와중에 제2의 낯선 이미지층을 만들어내는데, 여기에서는 획득할 수 있는 구상적 가치들이 아니라 상호 간에 낯선 층위들 간의 충돌에서 오는 격렬함이 문제다. 현대시는 어떤 친숙한 것을 어떤 낯선 것과 결합시키는 은유의 능력에 의하여 기존의 낯선 것을 전적으로 낯선 것으로 변용시키는 극히 당혹스러운 결합을 전개시킨다. 객관적으로 혹은 논리 정연하게 입증된 완결성에 대한 요구를 염려하지 않으면서. 고전문학에서보다 강력하게 현대의 텍스트들은 은유적 기호들이 '비본래적'이지 않을 뿐 아니라, 그와 반대로 언어를 일차적으로 세계와의 연관에 사용하지 않는 시를 위한 대체 불가능한 특수한 기호임을 입증한다. 이러한 은유들은 관습적인 세계 및 이전의 (더욱 행복한) 시문학에 맞서는 대립 세계를 형성한다. 많은 경우에 있어서 현대적 은유는 '현실'과 나란히 존재하는 형상이 되려고 하지 않으며, 오히려 은유적 언어와 비은유적 언어 사이의 구분을 지양시킨다.

　에즈라 파운드에 의하면 은유적 형상이란 무한한 반향을 가지는 '이념들이 그 속에서 쏴쏴거리고 있는 빛을 발하는 소용돌이'가 되어야 한다. 크노(R. Queneau)의 시 <은유의 설명>의 한 구절에 따르면 은유들은 그들 '부정의 이미지들'을 무(無) 속으로 던지는 끓어오르는 다양성, '창안된 제2의 진리'이며, 특수한 종류의 실재, 요컨대 존재하지 않는 실재를 생성시킨다. 히메네스의 은유들에 대해서 사람들은 말한다. "은유는 더욱 큰 시적 명료성을 획득하기 위해 현실을 흐리게 만든다." 알렉산드르에 의하면, "바람이 한때는 입술로 또 다른 때는 모래라고 불린다는 것은 오직 시만

178

이 아는 사실이다".

구체적인 입증을 위해서 그러한 예들을 인용해 보자. "폭풍우 치는 평원에서 신음의 뿌리들이 썩고 있다"(엘뤼아르). "혀는 그대 목소리의 그릇 속에 담긴 붉은 생선"(아폴리네르). "달은 강의 오랜 떨림을 천천히 수확한다"(로르카). "창들로부터 번갯불이 울려 퍼진다"(웅가레티). "그대의 뺨에 금빛 비둘기들이 자리 잡고 있다"(라스커쉴러). '공기의 물', '빵의 고기'(크롤로). '별들의 종양'(미쇼). 이러한 예들의 공통점은 쉽게 알아볼 수 있다. 완전히 별개의 것들이 동일하게 되었다는 사실 말이다.

그러나 주목해야 할 점은 은유의 가능한 유형들 중 어느 것을 적용할 것인지, 그리고 어떤 것을 선호해야 하는가라는 사실이다. 왜냐하면 여기에서 바로 현대성의 징후들이 생겨나기 때문이다.

그 형식에 있어서 특별나게 눈에 띈다고 할 수 없는 것은 한정적인 기능을 가진 술어적 은유들이다. 왜냐하면 이 유형은 문학의 모든 시기에 나타났던 것이기 때문이다. "검은 비둘기는 밤이다"(라스커쉴러). "기타는 물 대신에 바람으로 가득한 샘이다"(디에고). 부가적 은유나 동사 은유도 마찬가지다. '뱀들의 이마 같은 해안'(알베르티, 부가적 은유). "어둠 속에서 얼음 같은 바람이 운다"(트라클, 동사적 은유).

179

이러한 은유들의 진기함은 단지 그 언어 자료에 기인한 것이다. 언어 자료의 도움으로 은유는 관습의 세계를 낯선 감각 세계로 끌고 가는 것이다.

또 다른 위치를 점하고 있는 것은 내용적으로도 비정상적이면서 아울러 형식상의 관례를 변형시키는 은유들이다. 동격(同格)의 은유들이 그 예다. 동격의 은유들은 관사를 생략함으로써 (로망스어에서 꼭 있어야 되는 자리에서) 다음과 같은 유형의 통사적 단축이 생겨난다. '교회, 돌 같은 여인'(주브), '얼굴, 소리 내는 조개'(엘뤼아르), '10월, 정확한 프로필의 섬'(기엔). 시는 그러한 은유들을 사물들 곁에 거칠게 배치시키면서 동일화에 접근한다. 현대적 은유는 또한 다른 길을 통해서 동일화에 접근한다. 요컨대 현대적 은유가─지난 세기의 초반부에 처음으로 조심스럽게 등장했던─병치의 기법을 사용하는 곳에서 그러하다. '금화(金貨) 정오', '요술쟁이 낮', '작은 배 상상력'(크롤로). 각각의 예에서 처음의 명사는 두 번째 명사의 은유, 사실상 술어 동사(-이다)가 빠진 술어적 은유다. 바로 이러한 축약이 이 유형을 특별히 현대적인 것으로 만든다. 아폴리네르의 시 <빈민 구역>의 간결한 마지막 시구는 유명하다. '태양 잘린 목(Soleil cou coupé).' 여기에서도 중간 단계 없이 주어(태양) 바로 옆에 그 순간적인 상태(몰락)를 배치시킨 유착의 한 전형을 볼 수 있다. 이것은 물론 그 기본적 의미(일몰)를 언급하지 않는 절대적 은유라는 말이 가능하도록 은유적으로 처리되어 있다.

현대시인들의 시에 있어서 허다하게 나타나는 것은 흔히 소유격 은유라고 불리는 유형이다(이 말은 물론 엄밀하지 않다. 왜냐하면 은유가 아니라 사물이 소유격으로 되어 있기 때문이다). 그 도식은 다음과 같은 간단한 예에서 생겨난다. '별들의 윤무.' 이것은 가장 오래된 은유법 중의 하나다. 소유격의 본래 기능을 약화시켜 더욱 다양한 기능을 발휘하게 함으로써 이러한 유형은 대담한 시도를 가능케 한다. 이 오래된 유형은 현대시의 광범위한 대립적 긴장이라는 소외효과를 일으키는데 가장 빈번하게 쓰인다.

물론 우리는 두 가지 하부 유형을 구분해야 한다. 첫 번째 것은 소유격 은유가 단지 한 사물의 가능한 여러 양태들 중에서 하나의 속성 혹은 상태 및 상황을 의도하는 경우다. 물론 이때 사물 자체는 언제나 상위에 머물러 있다. 이러한 경우 은유적 효과는 영역의 교체나 의미상의 불협화 및 그와 유사한 것으로부터 생겨난다. "거울들의 말 없는 외침"(웅가레티). 거울들은 반짝거린다. 이것은 물론 거울들이 가질 수 있는 많은 모습들 중의 하나일 뿐이며, 어떤 것도 서로 간에 동일하지 않다. 그러므로 반짝거림을 '말 없는 외침'

으로 변환시킨 것도 속성과 연관된, 잠정적인 것을 의도하는 은유들의 내부에서일 뿐이다. "눈들의 가위가 멜로디를 절단한다"(엘뤼아르). 달갑지 않은 멜로디를 향한 마지못한 시선, 하지만 시선은 이와 꼭 마찬가지로 친근하거나 중성적이어도 무방하다. 그러므로 이것은 또한 그 어떤 변화 가능성을 예비하고 있는 부가적 은유일 뿐이다.

또 다른 하나는 동일화시키는 소유격 은유다. 이것은 첫 번째 유형보다 더욱 대담한 성격의 것이다. '짚 물의'(엘뤼아르)의 경우 두 부분은 서로 동일화되어 있다. 처음 명사 '짚'이 '물'에 대한 술어 명사라면 (즉 물은 짚이다) 술어적 소유격 은유라고 할 수 있을 것이다. 이 책에서 거론된 작가들 중에서 엘뤼아르가 이러한 유의 은유로부터 가장 풍성한 수확을 거두어들인다. 그의 은유는 다음과 같은 특성을 가지고 나타난다. 시어들을 개별적으로 살펴볼 때는 그 의미가 너무도 간단하지만, 동일화시키는 은유에 의해 낯선 긴장 속으로 들어가게 되는 것이다. '바람의 주근깨', '우연의 바다', '입술들의 거울'. 다른 시인들의 시를 인용할 필요는 없다. 왜냐하면 그들의 동일화시키는 소유격 은유는 그 기본 구성에 있어서 엘뤼아르의 그것과 다르지 않기 때문이다. 여기에서는 이러한 현상의 징후에 대해서만 다시 주목하기로 한다. 아주 낡은, 그리고 매우 다의적인 형식어인 소유격

관사는 무엇보다도 의미상의 불협화, 낯선 것들의 마법적인 결합을 가능케 한다.

다시 하나의 문제점에 주목해 보자. 우리는 앞서 이미 이것을 암시한 바 있다. 은유적 언어와 비은유적 언어 사이의 구분이 사라지는 것처럼 보인다는 사실. '바람과 과일들', '소음의 자갈들'(엘뤼아르), '별들의 재'(몬탈레). 이러한 동일화에 있어서 유의미한 것은 은유가 아니라, 낱말 결합 자체다. 은유의 외관 앞에서 우리는 기만당하기 십상이다. 사물적인 차이점(명백히 존재하는)을 넘어서 주목해야 할 것은 은유적인 층위와 축어적인 층위의 동일화다. 그러므로 우리는 엘뤼아르, 엘제 라스커쉴러, 알렉산드르의 시어들이 두 언어 층위 사이를 지속적으로 왕래하는 것을 보게 된다. 요컨대 우리는 시를 통해서 이미 주어진 것들과 관습적인 언어 범주들을 초월하려는 시도, 즉 시의 창작이라는 고도의 수학 앞에 서 있는 것이다.

은유적 동일화와 관련하여 한마디 덧붙이기로 하자. 기술 문명이 물질적 공간들을 서로 결합시키는 반면에, 시는 ─ 특히 그 은유법에 의해서 ─ 물질적으로는 결합시킬 수 없는 것들의 결합을 창조한다.

총괄적 결론

현대적 은유법이 지금까지 우리가 설명해 왔던 모든 것에 얼마나 적합한 기법인가가 분명해졌다. 불협화음도 마찬가지다. 이 개념을 염두에 두면서 다시 이 책의 처음으로 되돌아가, 거기에서 인용되었던 불협화음에 대한 스트라빈스키의 말에 주목해 보라. 그보다 앞서 이미 1914년에 화가 마르크와 칸딘스키가 '색채 불협화의 법칙'을 촉구한 바 있었다. 현시대의 음악가들도 이따금 '긴장에 찬' 혹은 '예민한' 협화음이란 말을 사용하지만 이것들의 독자적인 가치를 협화음에로 나아가는 이행 단계로서의 기능에서 찾지는 않는다. 우리는 현대시가 그 불협화 속에서 자신의 문체 법칙을 세우게 된다는 사실을 인정하지 않을 수 없다. 우리가 여러 차례 암시하고자 했던 바와 같이 이 법칙은 현대적 정신이 처한 역사적 상황에서 생겨났다. 자신의 자유에 대한 과도한 위협 때문에 현대적 정신의 자유에 대한 욕구 또한 과도해진 것이다. 그 예술성은 대상적·현재적·역사적 현실 속에서는, 진정한 초월에서 찾을 수 있는 것과 같은 인식에 거의 도달하지 못한다. 그러므로 현대시의 영역은 오직 말에 의해서만 존재하는 비실재적인 세계다. 현대시의 전적으로 독자적인 (자신에 의해서 창조된) 질서는 관행과 안전에 맞서서 해소되지 않는 고의적인 긴장 관계를 유지한다. 그러한 시는 조용히 정체를 드러내기만 해도 그 불안감이 마술이 되고 그 마술이 불안감이 될 수 있는 저 낯섦을 보유하고 있다. 현대시는 아직 알려지지 않은 거대하고 고독한 동화와 같다. 그 정원에는 꽃들뿐만 아니라 별들과 화학 염료, 과일들, 그리고 위험한 비수들이 있다. 그 밤들에, 그리고 그 극단의 온도하에 산다는 것은 팽팽한 긴장일 따름이다. 들을 수 있는 독자라면 이러한 시 속에서 진부해지지 않기 위해 우리 독자가 아니라 혼돈과 공허를 향하여 발언하는 냉혹한 사랑을 알아볼 것이다. 상상력의 힘에 의해 해체되거나 찢겨진 현실은 시 속에서 폐허로 남아 있으며, 강요된 비현실은 그 위에 자리 잡고 있다. 그러나 폐허와 비현실은 시인들로 하여금 시를 쓰게 하는 비밀을 담고 있다.

시인들은 불협화음에 의해서 진술한다. 한정적인 말들로써 불확실성을, 간단한 문장들로써 복잡한 것을, 하나의 근거로써 근거 없는 것을(혹은 역으로), 하나의 연관으로써 연관이 없는 것을, 시간의 표시로써 공간과 무시간성을, 마술적 언어의 힘으로써 추상적인 것을, 엄격한 형식들에 의해 내용적으로 자의적인 것을, 감각적인 형상의 부분들로써 불가시적인 형상을 기술한다. 이것들은 시어의 현대적 불협화음들이다. 이것들은 이해시키기 위한 언어와는 극단적으로 상이한 것이긴 하지만 그래도 언어임은 분명하다. 왜냐하면 언어란 마치 어떤 음향과 의미를 생성할지 예견할 수 없는 피아노의 건반과 같이 다루어지기 때문이다. 시인들은 언어와 함께 홀로 있을 뿐이며, 또한 언어만이 그들을 구제한다.

우리는 현대시의 특성을 기술하기 위해 거의 전적으로 부정적인 개념들을 사용할 수밖에 없었다. 그러나 그 결과 개별적인, 심지어는 매우 비정상적이기까지 한 문체적 특성들의 독자적인 생성 과정 혹은 상호 간의 일치를 수미일관하게 밝혀낼 수 있었다. 그러므로 우리는 현대시의 극히 신비로운 진술이나 자의적 진술 방식에도 불구하고 그 기본 구조를 인식할 수 있는 것이다. 현실과 규범성으로부터의 일탈이라는 내적인 수미일관성, 그리고 가장 대담한 언어 사용조차도 제어하는 독자적 법칙성 또한 시인과 시의 자질에 대한 증거가 된다. 예술성이라는 명백한 증거를 가져야 한다는 시의 오래된 계명은 제거되지 않았다. 단 그 계명이 이미지와 이념이 아니라 의미를 벗어난 언어와 긴장의 만곡선에서 그 기준을 되찾았을 뿐이다. 언어와 긴장의 만곡선들은 모호하고 자의적인 언어 자료들을 통해서 나타나긴 하지만 강력한 효과를 발휘한다. 그렇다면 그 시는 훌륭한 것이다. 세월이 흐르는 동안 자연스럽게 우리는 그러한 증거들

에 의해서 유행에 추종하는 전위주의자들을 소명 받은 자로
부터, 사기꾼들을 시인들로부터 가려낼 수 있게 될 것이다.

현 대 시 연 표

1759 이후   디드로, ≪살롱≫

1760(?)〜1772 디드로, ≪라모의 조카≫

1776〜1777   루소, ≪고독한 산책자의 몽상≫

1798   노발리스, ≪단편≫

1801   노발리스, ≪하인리히 폰 오프터딩엔≫

1802   빅토르 위고, 브장송에서 태어남

1821   보들레르, 파리에서 태어남

1827   빅토르 위고, ≪크롬웰 서언≫

1840〜1845   E. A. 포, ≪그로테스크와 아라베스크 이야
              기들≫

1842   말라르메, 파리에서 태어남

1845〜1855   보들레르, ≪미학적 호기심≫

1846   로트레아몽, 몬테비데오에서 태어남

1846   E. A. 포, ≪작시법의 철학≫

1848   E. A. 포, ≪시의 원리≫

1854   G. 드 네르발, ≪공상≫

1854   랭보, 샤를빌에서 태어남

1854   보들레르, E. A. 포의 소설들을 번역하기 시작

함(1865년까지)

1855~1912	파스콜리(G. Pascoli)
1857	보들레르, ≪악의 꽃≫
1862	말라르메의 첫 시 작품들
1863~1870	말라르메, 투르농, 브장송, 아비뇽에서 영어 교사로 재직
1864	보들레르, ≪짧은 산문시집≫
1865	예이츠, 더블린에서 태어남
1867	로트레아몽, 파리로 감
1867	보들레르, 파리에서 사망
1867~1916	R. 다리오(1892, 1898, 1908~1914년에는 스페인에 거주)
1868/1869	로트레아몽, ≪말도로르의 노래≫
1868~1933	슈테판 게오르게
1869	엘제 라스커쉴러, 엘버펠트에서 출생
1869~1873	랭보, 시 창작
1870	로트레아몽, 파리에서 사망
1870~1894	말라르메, 파리에서 김나지움 선생으로 재직
1871	랭보, ≪견자의 편지≫, 파리로 이사
1871	발레리, 세트에서 태어남
1871	M. 프루스트, 오퇴유에서 태어남
1874	랭보, 모든 문학 활동을 포기하고 방랑 생활을

시작함

1874	말라르메, ≪최신 유행≫
1874~1929	H. v. 호프만슈탈
1875	릴케, 프라하에서 태어남
1876	마네가 말라르메의 초상화를 그림
1880 이후	랭보, 아프리카 모험
1880	아폴리네르, 로마에서 태어남
1881	히메네스, 모게르(안달루시아)에서 태어남
1884	베를렌, ≪추방된 시인들≫(특히 랭보와 말라르메에 관하여)
1885	빅토르 위고, 파리에서 사망
1885	E. 파운드, 미국 헤일리에서 태어남
1886	벤, 만스펠트에서 태어남
1887	말라르메, ≪시집≫(1862년 이후)
1887	생존 페르스, 서인도제도의 과들루프에서 태어남
1887	트라클, 잘츠부르크에서 태어남
1888	웅가레티, 알렉산드리아에서 태어남
1888	T. S. 엘리엇, (미국) 세인트루이스에서 태어남
1889	말라르메, E. A. 포의 시들을 번역
1889	베르그송, 시론 ≪의식에 직접 주어진 것≫
1889~1897	발레리의 초기시들, 이후 1917년까지 창작 중

단

1891	랭보, 마르세유에서 사망
1891	살리나스, 마드리드에서 태어남
1891	발레리, 말라르메를 방문함
1892~1893	말라르메의 파리 집에서 '화요회' 모임
1893	기엔, 바야돌리드에서 태어남
1894	드뷔시, ≪목신의 오후에의 전주곡≫
1894	말라르메, 정년 퇴임, 영국에서 강연, 발뱅(센) 으로 돌아감
1895	엘뤼아르, 생드니에서 태어남
1896	디에고, 산탄데르에서 태어남
1896	몬탈레, 제노바에서 태어남
1896	베를렌, 파리에서 사망
1897	말라르메, ≪여담(Divagations)≫(1864년 이 래로 발표된 산문시와 시 평론 모음집)
1898	말라르메, ≪시집≫(최종판)
1898	말라르메, 발뱅에서 사망
1898	아폴리네르, 파리로 이주
1898	생존 페르스, 파리로 이주
1898	알렉산드르, 세비야에서 태어남
1899	가르시아 로르카, 푸엔테바케로스(그라나다 주)에서 태어남

1901	콰시모도, 시라쿠스에서 태어남
1902	알베르티, 푸에르토 데 산타마리아(카디스 주)에서 출생
1905	피카소와 아폴리네르의 교제 시작됨
1908	아폴리네르, 《썩어가는 마법사》(<해몽>이 실려 있음)
1909	마이란트에서 마리네티가 초안한 '미래주의 선언'이 발표됨
1911	생존 페르스, 《찬가》
1912	웅가레티, 이집트를 떠나 파리로 가서 아폴리네르와 친교를 맺음
1912	벤, 《시체 공시소》
1913	아폴리네르, 《알코올》(<빈민 구역>이 포함되어 있음)
1914	웅가레티, 이탈리아로 이주함
1914	트라클, 《시집》, 크라카우에서 사망
1916	취리히에서 다다이즘 결성
1917	발레리, 《젊은 파르크》
1918	아폴리네르, 《새로운 정신과 시인들》, 《칼리그람》, 아폴리네르 사망
1919	기엔, 시 발표 시작
1919	웅가레티, 《명랑》

1920	핀투스(K. Pinthus)가 표현주의 시 모음집 ≪인류의 여명≫ 출간
1920	발레리, ≪옛 시 모음집≫
1921	가르시아 로르카, ≪시집≫
1921	발레리, ≪매혹≫
1922	가르시아 로르카, ≪칸테 혼도 시 모음집≫
1922	M. 프루스트, 파리에서 사망
1922	T. S. 엘리엇, ≪황무지≫ 발표
1922	가르시아 로르카, 음악가 마누엘 데 파야와 친교를 맺음
1924	제1차 초현실주의 선언(A. 브르통)
1924~1944	발레리, ≪바리에테 I~V≫
1924	알베르티, ≪대지의 선원≫
1924	가르시아 로르카, ≪노래집≫
1925	파운드, ≪칸토 시편≫(1960년까지)
1925	오르테가이가세트, ≪예술의 비인간화≫
1925	로르카, 기엔, 그리고 달리(화가)와 친교를 맺음
1925	디에고, ≪인간적 시구≫
1926	릴케, 스위스 발몽에서 사망
1926	엘뤼아르, ≪고통의 수도≫
1926	브르몽, ≪순수시≫

1927	T. S. 엘리엇, 영국 시민권 획득
1927	벤, ≪시집 I≫
1928	몬탈레, ≪오징어 뼈≫
1928	알베르티, ≪천사들에 대하여≫
1928	기엔, ≪노래≫ 제1판
1928	로르카, ≪루이스 공고라의 시적 상상력≫(연설문, 1932년 출판)
1929	로르카, 뉴욕. 시집 ≪뉴욕 시집≫(사후 1940 출간)
1934	제2차 초현실주의 선언(A. 브르통)
1935	로르카, ≪이그나시오 산체스 메히아스에게 바치는 만가(晩歌)≫
1935	웅가레티, ≪시간의 감각≫
1936	로르카, 스페인 시민전쟁 중에 (피격) 사망
1936	벤, ≪시선(詩選)≫
1938	발레리, ≪시학 서론≫
1939	예이츠, 멘톤에서 사망
1939	몬탈레, ≪경우≫
1940	생존 페르스, 미국으로 이주
1941	디에고, ≪진실의 참새≫
1942	아라공, ≪엘사의 눈≫
1942	생존 페르스, 망명

1942	콰시모도, ≪곧 저녁이 온다≫
1942	스트라빈스키, ≪음악 시학≫
1944	T. S. 엘리엇, ≪네 개의 사중주≫
1944	알베르티, ≪시집≫(1924~1944)
1945	발레리, 파리에서 사망
1945	엘제 라스커쉴러, 예루살렘에서 사망
1948	벤, ≪정시(靜詩)≫
1950	브르통, ≪블랙 유머 모음≫
1950	기엔, ≪노래≫(최종판)
1951	벤, ≪시의 제 문제≫
1951	살리나스, 미국 보스턴에서 사망
1952	엘뤼아르, ≪시선≫(증보판)
	샤랑통 르 퐁에서 사망
1956	몬탈레, ≪폭풍과 타인≫
1956	벤, 베를린에서 사망
1957	생존 페르스, ≪아메르≫
1958	히메네스, 푸에르토리코의 산후안에서 사망
1959	웅가레티, ≪늙은이의 메모집≫
1960	알렉산드르, ≪전집≫(1924~1957)
1960	벤, ≪시 전집≫(1912~1956)
1961	생존 페르스, ≪시≫(노벨상 수상 연설문)
1965	T. S. 엘리엇, 런던에서 사망

1965   디에고, ≪연시(戀詩)≫(1918~1961)

1965   크롤로, ≪시 전집≫(1944~1964)

옮 긴 이 에 대 해

장희창은 1955년 부산 출생으로 서울대학교 언어학과를 졸업하고 동 대학원 독어독문과를 졸업했다(문학박사). 현재 동의대학교 독어독문학과 교수로 재직 중이며, 독일 고전 번역과 고전 연구에 종사하고 있다.

지은 책으로는 독서 평론집 ≪춘향이는 그래도 운이 좋았다≫가 있고, <괴테의 희곡 파우스트의 상징구조>, <생태적 관점에서 본 괴테의 색채론> 등 괴테 관련 논문을 다수 발표했다.

번역한 책으로 괴테의 ≪색채론≫, 에커만의 ≪괴테와의 대화≫, 니체의 ≪차라투스트라는 이렇게 말했다≫, 귄터 그라스의 ≪양철북≫, ≪게걸음으로 가다≫, ≪나의 세기≫(공역), 후고 프리드리히의 ≪현대시의 구조≫, 안나 제거스의 ≪약자들의 힘≫, 베르너 융의 ≪미메시스에서 시뮬라시옹까지≫, 크빈트 부흐홀츠의 ≪책그림책≫, 카타리나 하커의 ≪빈털터리들≫ 등이 있다.

현대시의 구조

지은이 후고 프리드리히
옮긴이 장희창
펴낸이 박영률

초판 1쇄 펴낸날 2012년 5월 9일

지식을만드는지식
121-869 서울시 마포구 연남동 571-17 청원빌딩 3층
전화 (02) 7474 001, 팩스 (02) 736 5047
출판등록 2007년 8월 17일 제313-2007-000166호
전자우편 zmanz@eeel.net
홈페이지 www.zmanz.kr

ZMANZ
3F. Chungwon Bldg. 571-17 Yeonnam-dong,
Mapo-gu, Seoul 121-869, Korea
phone 82 2 7474 001, fax 82 2 736 5047
e-mail zmanz@eeel.net
homepage www.zmanz.kr

ISBN 978-89-6680-461-0
책값은 뒤표지에 있습니다.

문학

한국 《포의교집》 외

일본 《바다에서 사는 사람들》 외

고대 그리스 《히폴리투스》 외

독일 《길쌈쟁이들》 외

스페인 《위대한 술탄 왕비》 외

유럽 《로칸디에라》 외

중남미 《네루다 시선》 외

중국 《서상기》 외

아시아 《물고기 뼈》 외

영국/미국 《빨래》 외

프랑스 《홍당무》 외

러시아 《유리 나기빈 단편집》 외

아프리카 《아딜리와 형들》 외

퀘벡 《매달린 집》 외

예술

미술 《예술에 관한 판타지》 외

연극 《풍자화전》 외

한국문학선집
한국문학의 어제와 오늘을 총정리하는 사상 초유의 기획

초판본 한국소설문학선집
한국 근현대문학 120년, 대표 작가 120명의 작품집 101권

초판본 한국시문학선집
한국 근현대문학 120년, 작고 시인 101명의 작품집 99권

한국동화문학선집
한국 아동문학사에 기록될 동화작가 120명의 작품집 100권

한국동시문학선집
한국 동시의 역사이자 좌표, 동시작가 111명의 작품집 100권

한국희곡선집
문학성과 공연성이 입증된 한국 대표 희곡 100권

한국 대표 시인의 육필시집
한국 시단을 주도하는 시인들이 직접 쓴 시집 80권

한국문학평론선집
한국 대표 문학평론가 50인의 평론집 50권

한국수필문학선집
한국 대표 수필가 50인의 수필집 50권

단행본
《고려 후기 한문학과 지식인》 외

00800

9 788966 804610

ISBN 978-89-6680-461-0   값 12,000원   www.zmanz.kr